INVESTIR ET RÉUSSIR

en immobilier

ÉDITION REVUE ET AUGMENTÉE

LES ÉDITIONS
LA PRESSE

Catalogage avant publication de Bibliothèque et Archives nationales du Québec et Bibliothèque et Archives Canada

Provencher, Martin

    Investir et réussir en immobilier

    Éd. rev. et augm.

    Comprend des réf. bibliogr. et un index.

    ISBN 978-2-923681-04-7

    1. Immeubles - Investissements. 2. Immeubles d'habitation - Finances. 3. Immobilier. 4. Immeubles - Investissements - Québec (Province). I. Titre.

HD1382.5.P76 2009   332.63'243   C2009-940337-4

Auteur
Martin Provencher
martinprovencher.com

Couverture
Cyclone

Intérieur
Bernard Méoule

Révision linguistique
Brigitte Fournier

Infographie
Francine Bélanger

L'éditeur remercie le gouvernement du Québec pour l'aide financière accordée à l'édition de cet ouvrage, par l'entremise du Programme de crédit d'impôt pour l'édition de livres, administré par la SODEC.

L'éditeur bénéficie du soutien de la Société de développement des entreprises culturelles (SODEC) pour son programme d'édition et pour ses activités de promotion.

L'éditeur reconnaît l'aide financière du gouvernement du Canada, par l'entremise du Programme d'aide au développement de l'industrie de l'édition (PADIÉ), pour ses activités d'édition.

Les Éditions La Presse

Président
André Provencher

Directeur de l'édition
Martin Balthazar

Éditrice déléguée
Martine Pelletier

Dépôt légal – Bibliothèque et Archives nationales du Québec, 2009
Dépôt légal – Bibliothèque et Archives Canada, 2009
1er trimestre 2009

ISBN 978-2-923681-04-7
Imprimé et relié au Québec

LES ÉDITIONS

7, rue Saint-Jacques
Montréal (Québec)
514 285-4428

À tous ceux
qui n'ont pas peur
de faire le saut...

Remerciements

La rédaction d'un livre est comme l'achat d'un immeuble, cela nécessite le travail de toute une équipe. Voilà pourquoi je tiens à remercier les gens qui ont contribué, de près ou de loin, à l'accomplissement de ce projet.

Tout d'abord, mes sincères remerciements à Manon, la femme de ma vie, ma complice de tous les instants, qui par son appui, sa confiance en mes projets, son travail et sa grande ouverture d'esprit, a fait en sorte que ce livre se matérialise. Un merci spécial à mon frère Gilles, pour qui j'ai le plus grand respect, beaucoup d'admiration, d'estime et d'attachement.

Merci également à Jérôme Rinfret et Nicolas Bouchard, deux amis très créatifs, visionnaires et dotés d'un sens de l'entrepreneuriat comme on en rencontre rarement.

Je me dois également de souligner l'apport important de Martine Pelletier, éditrice déléguée aux Éditions La Presse, pour sa rigueur professionnelle, son efficacité et sa grande expérience du monde de l'édition.

En terminant, j'adresse mes remerciements à tous les participants aux conférences et aux ateliers en immobilier que nous avons eu le plaisir de rencontrer partout à travers le Québec. Et merci à vous, chers lecteurs!

Table des matières

Introduction

Ç a y est, le Canada est maintenant officiellement en récession! Je vous annonce cela comme s'il s'agissait d'une bonne nouvelle... Sous certains angles (voir le chapitre 16, à la page 205), c'en est une en effet, du moins pour le secteur immobilier. On dit « Quand l'immobilier va, tout va ». J'ajoute : « Quand tout va mal, l'immobilier va de mieux en mieux! » L'immobilier est comme l'or, le pétrole ou le dollar américain : une valeur refuge. Les gens s'inquiètent de perdre leur emploi, les retraités leur fonds de pension, les analystes leurs prédictions alors, vivement l'immobilier en ces temps d'incertitude économique.

À la suite de la parution de mon dernier livre intitulé *Comment acheter ma première propriété*, j'ai entrepris une tournée de conférences à travers le Québec afin d'aider les gens à réaliser leur rêve de devenir propriétaire. De Sept-Îles à Val-D'Or en passant par Montréal, Sherbrooke et Shawinigan, j'ai rencontré quantité de gens et, partout, le désir d'accéder à la propriété était réel et même viscéral! Le hic, car il y en a maintenant un, c'est le fossé, le Grand Canyon qui s'est creusé entre l'explosion du prix des propriétés depuis l'an 2000 et la quasi-stagnation des revenus moyens.

En effet, il fallait, en 2007, ajouter aux valeurs immobilières environ 40 % par rapport à l'année 2000. Pour la même période, les employés syndiqués ont touché des augmentations salariales annuelles d'environ 2 %. Plusieurs encore, cependant de moins en moins nombreux, espèrent toujours une baisse phénoménale des valeurs immobilières pour entrer sur le marché. N'y pensez même pas! Si vous n'avez pas encore acheté, le temps travaille contre vous. Nous nous retrouvons donc avec un écart évident entre les nouvelles valeurs immobilières et vos revenus actuels, qui ressemblent beaucoup trop aux « anciens ». Devant cette situation, il ne vous reste donc que trois possibilités :

1. ***Demander à votre patron une augmentation immédiate de 40 %.*** Je sais, vous avez déjà peur de perdre votre emploi juste à l'idée de prononcer ce mot tabou.

2. ***Dénicher une propriété à bas prix.*** Une dont le prix pourrait inspirer à certains agents immobiliers des expressions telles que « moins cher qu'un loyer », « à ce prix, pourquoi vous en priver? » ou encore la très populaire « idéal pour un premier achat... » L'ennui, c'est que malgré ces envolées publicitaires, le prix en argent sonnant demeure souvent étonnamment élevé. Dans d'autres cas, le « prix abordable » est exigé en échange d'une véritable bicoque sur laquelle même les chats errants du coin lèvent le nez!

3. ***Acheter un plex.*** Le plex est un immeuble à revenus qui comporte de deux à cinq logements[1]. Devenez propriétaire d'un plex et partagez-le, du moins pour quelques années, avec un ou des locataires. Ils vous aideront à payer votre propriété sans que vous vous égorgiez avec les paiements. Ce n'est peut-être pas votre premier choix, mais pourquoi ne pas utiliser cette stratégie comme tremplin afin de vous permettre à la fois de vous loger et d'investir pour ensuite acheter une maison individuelle?

---

1. Selon le site Web de la Société canadienne d'hypothèques et de logement (www.cmhc-schl.gc.ca) et RAMSAY, Charles-Albert. « La pénurie de logements est en train de se résorber » dans *Les Affaires*, 1er juillet 2006, p. 25.

Les gens qui crient sur tous les toits (souvent sans que ce soit le leur...) qu'ils ne veulent rien savoir des locataires, le demeurent souvent eux-mêmes toute leur vie. Ils vivent, sans s'en rendre compte, entourés d'autres locataires qui contribuent eux aussi à payer la maison de quelqu'un d'autre...

Si vous êtes un locataire accompli, heureux, fier et qui désire le demeurer, parfait. Refermez ce livre et profitez de vos temps libres pendant que votre proprio se casse la tête, parfois... et s'enrichit le reste du temps. Pour les autres, bonne lecture et, surtout, n'oubliez pas de sortir de votre zone de confort afin de passer à l'action!

Chapitre 1

LE TOP 8 DES FAUSSES CROYANCES EN IMMOBILIER

Dans l'immobilier, il y a des raisonnements injustifiés, pour ne pas dire tordus, dont il est aussi difficile de se débarrasser qu'une puce sur le dos d'un chien. Malgré tout le potentiel qu'offre le fait de posséder un bien immobilier et, ne l'oublions pas, la nécessité d'avoir un toit au-dessus de sa tête, plusieurs hésitent toujours à faire le saut. Il existe encore malheureusement de fausses croyances populaires largement véhiculées qui affectent négativement la perception des gens qui autrement, hésiteraient moins à devenir propriétaires d'un plex. Avant de construire, décontaminons le terrain.

Il y a une bulle immobilière au Québec

Tout d'abord, une « bulle » est l'expression utilisée pour désigner un gonflement artificiellement élevé des valeurs d'un secteur d'investissement, dans ce cas-ci, l'immobilier. Je dis bien artificiellement, puisqu'il n'y a pas de bulle lorsque les valeurs reflètent la réalité du marché. Il s'agit donc d'essayer de départager la portion de l'augmentation des valeurs qui découle de facteurs objectifs de celle qui résulte de la pure spéculation, en l'occurrence la bulle.

Ensuite, le marché américain, dont nous entendons parler le plus, est très différent du marché canadien… qui est lui-même différent du marché québécois. J'explique tout cela en détail lors des ateliers pour investisseurs immobiliers. Mais pour le moment, analysons les faits qui ont mené à une croissance forte d'environ 40 % du marché immobilier entre 2000 et 2005, suivie d'une augmentation des valeurs alignée sur le taux d'inflation pour les années subséquentes.

La dimension temporelle en immobilier est plus étendue que ce que notre société de l'instantané nous a habitués à considérer. Un bail a une durée d'un an ou deux, un terme hypothécaire une durée de quelques années, un amortissement une durée de 15, 25 ou même 35 [2] ans et un immeuble, une durée de plus de 100 ans. Tout cela n'a rien à voir avec un plat réchauffé au micro-ondes prêt à servir en deux minutes.

Dans ce cas-ci, l'accent est mis sur une période de huit ans, à peine plus de 80 mois, soit de 2000 à 2008. C'est trop peu! Si, par contre, comme pour apprécier une peinture à sa juste valeur, on accepte de prendre du recul afin de se donner une vue d'ensemble, on peut alors considérer la chose sur une période de 20 ans, incluant la décennie 1990. Au cours de ces 10 années, malgré une inflation annuelle minimale de 2 %, donc une augmentation théorique des valeurs immobilières de 20 % (2 % x 10 ans), il ne s'est rien passé.

Donc, si nous divisons l'augmentation de 40 % par cinq années (de 2000 à 2005), nous obtenons un taux de croissance annuel de 8 % (40 % / 5 ans). C'est effectivement impressionnant. Par contre, si nous refaisons le même calcul, mais en tenant compte cette fois de la période de latence (de 1989 à 1999), nous n'obtenons que 2,67 % (40 % / 15 ans), ce qui est sensiblement le taux d'inflation moyen annuel pour cette période. Un peu comme un ressort qui se serait contracté pendant 10 ans et aurait libéré son énergie au cours des cinq années suivantes. Il s'agit donc d'un rattrapage des valeurs et non d'une bulle.

2. Depuis le 15 octobre 2008, la Société canadienne d'hypothèques et de logement n'assure plus les prêts de 40 ans.

Il y a une bulle... et elle va éclater

Comme je suis bon joueur (et surtout parce qu'il y a toujours des sceptiques), je vous donne une autre explication qui confirme qu'il n'y a pas de bulle et encore moins un risque d'éclatement de celle-ci. C'est très simple : un grand nombre d'acheteurs sont entrés sur le marché, en une courte période (2000-2005). De ces acheteurs, 75 % acquéraient une propriété pour des fins personnelles, simplement pour y vivre. Pour connaître l'éclatement d'une bulle virtuelle, nous aurions besoin de deux choses :

- qu'une majorité de propriétaires acceptent presque simultanément de revendre leur propriété à perte, ce qui signifie à un prix inférieur à ce qu'ils viennent juste de payer;

- que tous ceux qui acceptent de vendre sous la valeur marchande restent en dehors du marché pour créer une pression à la baisse des valeurs immobilières. Car, si une majorité des « vendeurs à perte » achetaient une autre propriété, nous aurions à nouveau une forte demande, ce qui annulerait l'effet créé par une vente massive sous les valeurs.

Il serait à mon avis difficile de trouver un nouveau propriétaire qui accepterait de revendre sa maison à perte et d'organiser ensuite une pendaison de crémaillère dans son 5 1/2 fraîchement loué! Si cela vous semble logique, comment penser que des milliers de gens décideraient subitement d'agir de la sorte?

Le marché va redescendre

Quand j'entends cette phrase : « Le marché immobilier va redescendre » je me dis : « Encore une référence du marché des valeurs mobilières... appliquée aux valeurs immobilières ». Bien sûr, en bourse on achète en principe au plus bas pour revendre au plus haut, avant que les titres se mettent à redescendre jusqu'au niveau où on les rachète pour ensuite les revendre. Ça, c'est la Bourse, pas l'immobilier! Pensez-y : dans le mot « immobilier », il y a le mot « immobile ».

Voici un exemple. Si un jogger qui se trouve à la queue du peloton décide tout à coup d'augmenter sa cadence et rattrape les autres, en tant que spectateur, vous l'applaudirez sûrement et lui souhaiterez intérieurement une bonne fin de course. Peut-être même que ce coureur finira premier. Pourquoi pas? Chose certaine, personne n'oserait penser que cet athlète maintenant revenu dans le groupe s'arrêtera de courir, se retournera et repartira les jambes à son cou vers la ligne de départ. Alors pourquoi la valeur du marché immobilier, après un rattrapage, arrêterait de croître pour en plus commencer à diminuer et retourner à son niveau de l'an 2000?

Je sais. Vous vous dites : oui mais des gens vont perdre leur maison! Malheureusement, vous avez raison, des propriétaires perdront leur emploi et un certain nombre d'entre eux perdront possiblement leur maison. Cela affectera-t-il le marché immobilier? Très certainement, mais pas de façon significative. Comme vous le savez, en communication, les mauvaises nouvelles font vendre davantage. Les projecteurs sont donc orientés vers les usines qui éprouvent des difficultés et les pertes d'emploi. Tout cela est bien réel, mais il n'en demeure pas moins que parallèlement, des emplois sont aussi créés, sinon, le taux de chômage serait dans les deux chiffres!

Ensuite, un propriétaire qui perd son emploi ou son entreprise, ce qui ne représente déjà qu'un faible pourcentage de l'ensemble des propriétaires immobiliers, ne perd pas automatiquement sa résidence. En fait, selon l'agence immobilière RealtyTrac, en mai 2008, un foyer américain sur 483 est entré en procédure de recouvrement, ce qui représente annuellement environ 2,5 % des propriétaires (12 / 483 x 100). En 2008, au

Québec, la firme de recherches immobilières JLR constatait que « 7 709 propriétaires de maisons avaient suffisamment de retard dans leur paiement pour faire l'objet d'un préavis officiel de saisie par la banque. » (Source : « Le Québec loin des États-Unis », dans *La Presse*, 10 janvier 2009) Considérant que 70 % de ces préavis ne seront en définitive qu'un avertissement puisque la situation pourra se résorber, cela nous donne 2 313 reprises (7 709 x 30 %).

À tout cela s'ajoute le fait que les gouvernements des États-Unis et du Canada ont investi des dizaines de milliards de dollars pour racheter des institutions financières des prêts hypothécaires afin de maintenir la confiance des masses dans le système financier – qui en avait bien besoin – tout en injectant des liquidités pour soutenir le système de crédit. À elle seule, la Banque du Canada a investi 75 milliards, fin 2008, dans cette opération (*La Presse*, 6 janvier 2009).

L'immobilier, c'est du travail

C'est ici que les sceptiques ressentent une certaine jouissance car, en effet, je suis d'accord avec cette affirmation. L'immobilier, c'est du travail! Oui. Mais pas autant qu'on le croit, par contre. De toute façon, y a-t-il quelque chose qui rapporte et qui n'exige pas qu'on s'en occupe? RIEN! Ne me dites pas que votre *job* ne vous cause aucun problème, aucune frustration ni aucun stress.

C'est probablement, au contraire, votre occupation qui vous cause le plus de… préoccupations! Qui plus est, une fois l'impôt et les retenues soustraits, étonnamment c'est aussi ce qui vous rapporte le moins… sauf en soucis. Pourtant, beaucoup de gens ont peur de perdre leur travail. Il semble que le mot « travail », à l'origine, désignait l'esclavage. L'esclave Kounta Kinté dans *Racines* donnait l'impression d'avoir plus de « problèmes » que n'importe quel propriétaire de plex que je connaisse…

Une reprise... un bon *deal*?

Ce que l'on appelle stoïquement et techniquement une « reprise financière » n'est en réalité qu'une situation malheureuse et très émotive dans laquelle se retrouvent des gens qui ont perdu leur propriété. Ils ont dû redonner les clés au prêteur. On pourrait dire de ces pauvres gens (dans tous les sens du terme) que leur toit leur est tombé sur la tête. Maintenant, voyons pourquoi dans 95 % des cas, une reprise n'est pas une bonne occasion d'affaires.

Les gens qui perdent leur propriété ont certainement subi une détérioration de leur situation financière depuis l'acquisition, et ce, pour une raison quelconque : divorce, séparation, décès, problème de jeux, de consommation, perte d'emploi, remontée importante des taux d'intérêts, etc. Maintenant, si ces gens pouvaient réhypothéquer leur propriété afin de régler la situation, le feraient-ils ? Bien sûr que oui. D'ailleurs, tout le monde peut se retrouver dans une telle situation, à la différence que le propriétaire d'un quadruplex de 300 000 $, grevé d'une hypothèque dont le solde à payer est de 150 000 $, lui, ne perdra pas sa propriété; il utilisera plutôt une partie de l'équité de 150 000$ (valeur de la maison moins le solde de l'hypothèque) pour se tirer d'affaire.

Donc, ceux qui doivent remettre leurs clés sont ceux qui n'ont aucune marge de manœuvre. C'est le cas de tous ceux qui ont acheté avec une mise de fonds de seulement 5 %, avec une hypothèque « sans mise de fonds » ou, pire, ceux qui se sont prévalus d'une hypothèque à 107 % de la valeur de la propriété (le 7 % supplémentaire est consenti afin d'acheter des meubles ou de payer les frais connexes liés à la transaction). Si vous voulez acheter une reprise de finance dont le solde hypothécaire est à 107 %... où est le *deal*?

Vous vous dites peut-être : « Oui, mais la banque peut accepter de perdre de l'argent pour se débarrasser d'une propriété qu'elle a sur les bras. » Vous avez raison, l'institution financière perd de l'argent chaque jour à partir du moment où s'amorce le processus de reprise. Le rôle d'une institution financière est de prêter de l'argent, pas de gérer des propriétés. Donc, lorsqu'elle ne joue pas son vrai rôle, il lui en coûte plusieurs milliers de dollars. Pourquoi? Parce qu'avant même de récupérer la propriété, elle subit une perte des intérêts et de frais de recouvrement très coûteux. Ensuite, l'institution financière doit payer les assurances, le chauffage, etc. À tout cela s'ajoutent les dépenses d'entretien (pelouse, déneigement, etc.), les frais de gestion et le salaire de l'inspecteur qui doit vérifier chaque semaine, pour fins d'assurance, que la propriété est toujours dans le même état. Finalement, elle doit payer la commission à l'agent immobilier qui s'est occupé de vous refiler ce super *deal...*

Vous voulez toujours ajouter une perte de plus en payant moins cher que le solde de l'hypothèque? Cela peut effectivement être possible. Par contre, une fois que vous serez propriétaire, vous devrez très certainement investir à votre tour plusieurs milliers de dollars en réparations diverses parce que, vous vous doutez, les derniers propriétaires, dans l'expectative de perdre leur maison, n'y ont pas investi un sou (qu'ils n'avaient pas de toute façon) pour entretenir leur propriété.

Pour finir, vous pouvez me croire, lors du déménagement ils ne se seront certainement pas donné la peine de mesurer le frigo ni les cadrages de portes. Je ne sais pas pourquoi, mais ça passe toujours! C'est juste qu'après, il manque souvent les fameux cadrages de portes. Bon courage avec votre reprise... beaucoup de rénovations en perspective!

Un locataire, un tas de problèmes!

Je suis toujours perplexe devant un locataire qui croit qu'en achetant l'immeuble qu'il habite, il se retrouvera avec autant de problèmes que l'immeuble contient d'appartements. Pourquoi généraliser et s'imaginer que tous les locataires sont une source de problèmes?

En réalité, la loi de Vilfredo Pareto, cet économiste italien qui a inventé (constaté) la loi du 80 / 20, pourrait s'appliquer ici : 80 % des problèmes sont causés par 20 % des locataires. En réalité, la proportion serait sûrement plus près de 95 / 5. Ce qu'un propriétaire d'immeuble doit accepter, c'est qu'il y a dans la société, parmi une tonne de gens formidables et respectueux, un certain nombre de grincheux et de parasites. Ce sont des exceptions. Dites-vous que ces exceptions existent et que, malheureusement, certains de ces cas problèmes sont les locataires d'un propriétaire, qui à l'avenir, exigera des références.

Il faut du capital pour entrer sur le marché immobilier

« On n'est pas riches mais on est heureux. » Vous l'avez déjà entendue, cette phrase. Tant mieux si ce genre de phrase vous console lorsque vous avez une mauvaise passe financière, sauf qu'il y a des milliers (parfois des dizaines de milliers) de dollars à dépenser en frais connexes afin de réaliser une transaction d'achat. L'idéal, c'est de posséder du capital. Je dis bien *idéal* et non *obligatoire*. Pensez-y un moment : le tout premier millionnaire de toute l'histoire de l'humanité a bien été obligé de faire son argent avec de l'argent emprunté... Pourquoi vous ne feriez pas de même?

Quand on achète un immeuble, il faut être prêt à jouer dans les toilettes des locataires

Rien de plus répugnant qu'une toilette bouchée... surtout celle des autres, n'est-ce pas? Par contre, la possibilité d'avoir à jouer dans les toilettes des locataires ne doit pas être la première chose à vous venir à l'esprit lorsque vous pensez acheter un plex. Si c'est le cas, il est grand temps de recentrer vos priorités! Ceci étant dit, ce genre de situation délicate est peu fréquent. Rien pour éviter de faire un investissement...

Chapitre 2

LES 10 RÈGLES D'OR POUR RÉUSSIR AVEC UN PLEX

Dans ce chapitre, je vous présente les dix règles d'or pour obtenir du succès en immobilier. Avec les années et l'expérience, j'ai développé ces règles qui feront en sorte que le monde de l'immobilier vous sourira.

Oubliez les excuses et passez à l'action

La faculté qu'a un être humain d'utiliser un même argument pour en faire soit une excuse pour rester assis, soit une motivation pour se lever et agir est fascinante. Par exemple, certains diront : « Je ne peux pas acheter un immeuble car j'ai des enfants » alors que d'autres diront : « J'achète un immeuble car j'ai des enfants ».

Découvrez ce qui est un irritant pour vous et trouvez une solution

Tout est une question de perception. Voilà pourquoi vous devez vous demander ce qui est un irritant pour vous. Un irritant est un trou dans votre réservoir d'énergie. Une marmotte qui creuse des tunnels dans votre belle motivation. Avant que tout s'effondre et que toute votre énergie y passe, trouvez des solutions pour aplanir ou contourner les irritants ciblés. Pour ma part, un locataire qui appelle le dimanche soir pour une peccadille m'irrite au plus haut point. Le sachant, pour éviter cette situation, je coupe la sonnerie du téléphone. Je n'ai alors qu'à vérifier au passage l'afficheur téléphonique et, s'il y a lieu, de prendre les messages.

Acceptez qu'il y a un prix à payer pour s'enrichir

Sachez dès maintenant qu'il y aura des appels, des dépenses, des réparations et parfois des vacances... de loyer! Tout cela est normal. Un investisseur averti en vaut deux.

Sélectionnez vos locataires

À mes débuts, je louais au premier venu tellement j'avais peur de perdre des mois de loyer. Après quelques expériences désagréables, qui auraient facilement pu être évitées, j'ai commencé à poser des questions, à demander des références (et à les vérifier), à faire signer des autorisations d'enquêtes de crédit et à rédiger des règlements d'immeuble à l'intention des locataires. Les bons locataires, la majorité, soit dit en passant, seront heureux de votre prudence, car eux non plus ne souhaitent pas avoir un cas problème comme voisin de palier. Cette règle est encore plus vraie quand vous vivez vous-même dans votre immeuble.

Demandez des fonds avant d'être au fond

Prévoyez un fond de réserve afin de parer aux imprévus. Un montant de 5 % minimum de la valeur de l'immeuble (et non du prix payé, surtout si vous l'avez eu pour une bouchée de pain) serait l'idéal. Une marge de crédit fait très bien l'affaire. Vous disposerez ainsi de liquidités lorsque nécessaire sans devoir payer d'intérêts sur le solde inutilisé.

N'hésitez pas à investir dans votre immeuble

Considérez les dépenses d'entretien, de réparation ou mieux, de rénovation, comme un investissement. Dans le cas où vous habitez votre immeuble, vous améliorez de plus votre qualité de vie.

Par exemple, disons que par négligence, vous laissez traîner la réparation d'un robinet qui fuit. Votre locataire perd plusieurs litres d'eau chaude chaque jour. Celui-ci, en plus de subir quotidiennement le supplice de la goutte, se retrouve avec une dépense d'énergie qu'il doit payer inutilement. Cela est plus que suffisant pour perdre ce bon locataire. Pour éviter un investissement de quelques dollars, vous vous retrouverez avec toutes les dépenses qui riment avec un changement de locataire, entre autres tout ce dont votre locataire s'accommodait, mais que le nouveau locataire, à la signature du bail, exigera que vous remplaciez ou répariez, dont le robinet qui fuit...

Ayez une vision globale tout en conservant le souci du détail

Maintenir un équilibre entre une vision globale et le souci du détail permet d'éviter des erreurs lourdes de conséquences. Par exemple, je connais un ami qui, oubliant les raisons pour lesquelles il avait acheté son huit logements (sa vision globale), l'a vendu à perte à la suite d'une série de peccadilles normales et prévisibles.

À l'autre extrême, j'ai croisé un propriétaire tellement brouillon et négligent que je ne peux le qualifier d'investisseur et qui, 25 ans plus tard (peut-être 30), se retrouve avec des immeubles qui valent le prix du terrain sur lequel ils sont construits. Ils tombent littéralement en ruines. Une tonne de PGPT (pas grave, plus tard) se sont accumulés. Des détails qui, une fois mis ensemble, s'amplifient avec le temps et forment une montagne à faire sombrer dans l'ombre sa vision globale : prendre une belle retraite assurée par la vente de ses immeubles... à bon prix !

Mon conseil est simple : gardez toujours en tête l'objectif que cet immeuble vous permettra d'atteindre. Ce peut être de l'utiliser comme un tremplin afin d'acheter, dans quelques années, la maison individuelle dont vous rêvez. Avec cette vision globale en tête, il vous sera plus facile de demeurer conscient de l'importance d'une saine gestion au quotidien. Réglez les menus problèmes au jour le jour tout en conservant les yeux rivés sur votre vision du futur.

Patience !

La patience est une vertu qui devient, en immobilier, une néces-sité si on veut se donner la chance de maintenir une vision à long terme. Bien sûr, je ne parle pas ici du spéculateur, ce tra-péziste de haute voltige qui bondit d'une transaction à l'autre... sans filet. Je parle plutôt de la patience que doit posséder l'investisseur, qu'il soit propriétaire-occupant ou non.

Vous devez agir comme un pêcheur : attendre patiemment le gros poisson, c'est-à-dire l'immeuble qui correspond à vos critères d'achat, le ferrer sans hésitation lorsqu'il mord à l'appât, c'est-à-dire soumettre une offre d'achat sans attendre. Ensuite, patience ! C'est ce qui vous permettra de sortir de l'eau ce véritable trophée sans le perdre, dans le cas présent, conser-ver votre immeuble dans le temps malgré les pépins de la vie.

Soyez ordonné

Demeurez structuré et ordonné. Ce n'est pas parce que vous n'avez qu'un seul immeuble (pour l'instant) que vous pouvez vous permettre de perdre un bail ou d'oublier le prochain paiement de taxes foncières. Les bonnes habitudes s'acquièrent tôt... et se perdent vite. Pour le classement de vos documents (baux, évaluations, certificat de localisation, estimation de travaux, chèques postdatés, etc.), je vous suggère, si vous n'avez pas de classeur, d'acheter à tout le moins un porte-documents muni de fiches en accordéon. Un bon système de classement, ce que d'autres appellent la « traçabilité des documents », représente pour moi la base d'une saine gestion. Bref, gérez votre immeuble comme une entreprise performante.

Faites le suivi des paiements de vos loyers

L'information est le nerf de la guerre... et l'argent, le général en chef de vos armées! Ne laissez pas le choix à vos locataires de vous payer lorsqu'il leur sera possible de le faire. Vous risquez d'attendre longtemps... La règle est simple et doit être appliquée : le paiement du loyer est exigible le 1er du mois, pas le 2 ni le 3 et encore moins le mois prochain...

J'ai déjà été naïf. Voilà maintenant pourquoi je sais qu'un locataire qui vous doit de l'argent en doit généralement à d'autres personnes. Dans ce cas, j'espère pour vous qu'il n'y a pas un revendeur de drogues dans sa liste de créanciers, car à ce moment, je peux vous garantir que vous venez assurément de tomber deuxième (possiblement plus bas que cela) dans sa liste de priorités.

Plus de 50 % des demandes ouvertes par les propriétaires à la Régie du logement le sont, c'est un secret de polichinelle, pour des raisons de non-paiement de loyer. Les délais de la Régie du logement sont énormes. Par exemple, un de mes amis a reçu un jugement en 2006 pour un dossier ouvert en 2003! Je sais qu'il s'agit d'un cas exceptionnel, mais c'est aussi ce genre de dossier qui donne envie à certains de se faire justice eux-mêmes. Heureusement, le temps du *far west* est terminé. En bout de course, vos chances de récupérer un seul dollar sont minimes puisque la solvabilité des mauvais payeurs est souvent comme un trou causé par la rouille : plus le temps passe et plus il s'agrandit. Dans ce domaine, l'adage « Mieux vaut prévenir que guérir » prend tout son sens. Si par malchance, vous vous retrouvez avec un cas problématique, essayez d'obtenir une entente à l'amiable afin que votre locataire quitte rapidement et par lui-même. Dans les cas les plus dramatiques, offrez-lui alors de l'argent pour... annuler sa dette lors de son départ. Vous avez bien lu. Vous lui dites qu'il ne vous doit plus rien et de plus, vous lui offrez de l'argent pour qu'il parte. Il faut parfois payer pour apprendre!

Chapitre 3

CESSEZ D'AVOIR PEUR ET FAITES LE SAUT

La peur est un mécanisme de défense très utile pour se maintenir en vie. C'est ainsi que nous savons qu'il est préférable de demeurer à l'intérieur de notre wagon lorsque, au zoo, nous traversons le parc des ours. Par contre, il est aussi facile de se cacher derrière nos peurs afin de demeurer dans notre zone de confort où l'inaction est maître et reine. La procrastination est la locataire de notre fameuse zone de confort.

Crise financière et scandales d'initiés, fermetures d'usines, pertes d'emploi, plans de redressement sur fond de récession. Le contexte financier et économique que nous offre le début de l'année 2009, où certains vont même jusqu'à se demander si nous ne traverserons pas une période plus noire que la « grande crise » de 1929, fait que l'année sera fertile en excuses toutes faites pour ceux qui, d'ordre général, on la gâchette de la crainte facile. Alors, que faire?

En réalité, « Cessez d'avoir peur et faites le saut »... dans la mêlée signifie : « N'attendez pas que toutes les conditions optimales soient réunies et, qui plus est, le moment où vous connaîtrez absolument TOUT du secteur immobilier... pour enfin passer à l'action et devenir propriétaire d'un plex. » Sachez que cette situation idyllique, qui regroupe tout ce qu'il faut à un moment précis, arrive rarement et ceux qui l'attendent pour avancer font souvent du surplace.

Nous connaissons tous des gens qui, dans n'importe quel domaine, attendent et attendent encore que tout soit parfait. Ils disent : « Il faut... être prudent! On ne sait jamais... J'aime mieux prendre mon temps et réussir (à le perdre...) que de me lancer tout de suite et me planter. » En réalité, ce bon *timing* n'arrive jamais et vous savez pourquoi? Tout simplement parce qu'il est déjà là. Sans même connaître votre situation financière ou l'état de votre bilan personnel, je peux vous dire que le meilleur moment d'acheter un plex, dans votre cas, c'est maintenant!

En 1993, j'ai acheté, non pas un, mais quatre triplex en moins d'un an. À l'époque, les gens me disaient, comme vous l'entendrez peut-être vous-même : « Ça ne marchera pas. » J'ai persévéré. J'ai ensuite acheté une deuxième maison, puis une autre encore... et c'est là que j'ai découvert la beauté des plex. À ce moment, le discours défaitiste était : « Ça ne durera pas. » Maintenant que j'ai réussi et que je continue, j'ai eu une promotion : je suis maintenant dans la catégorie des « Oui, mais toi, c'est pas pareil ».

Ceux qui croient effectivement que « Moi, c'est pas pareil », eh bien, ils ont raison! Parfaitement. De toutes les conditions idéales souhaitables qu'on espère collectionner afin de se donner le droit de simplement acheter un plex, personnellement, en 1993, je n'en avais... aucune! Sceptique? Pour vous le prouver (et vous encourager à faire le saut), voici à quoi ressemblait ma situation au moment où j'ai acheté mon premier plex :

> **Âge :** 22 ans. La période de la vie où chaque semaine, pas moins de deux banquiers vous appellent joyeusement pour vous supplier à genoux d'accepter leurs propositions de prêts à taux réduit. C'est leur spécial pour jeunes sans expérience ni garanties.

Occupation : étudiant. Pas en comptabilité de gestion, non, en psychologie!

État civil : célibataire

Revenus : programme des prêts et bourses pour étudiants à temps plein. Oui, j'avais aussi des revenus de location provenant de ma première maison de chambres. Cependant, j'avais choisi à l'époque un amortissement de 25 ans et les taux d'intérêt étaient, fin des années 80, début 90, environ le double de ce qu'ils sont en 2009. Il y avait donc aussi beaucoup de dépenses, surtout en intérêts, pour bien peu de capitalisation.

Valeur nette au bas de mon bilan : pas très reluisante en raison, entre autres, d'un prêt étudiant gonflé à bloc (j'aime ce mot, *bloc*), autant que je l'étais moi-même. Pour ce qui est de la valeur de la maison, je dois vous rappeler qu'il y a eu une récession en 1991, ce qui, à court terme, ne donnait aucune plus-value à l'immobilier. J'avais revendu les deux autres maisons et avec le bénéfice, j'ai aussi contribué à soutenir l'économie du secteur des bars... Bon, j'avais 20 ans!

Voilà pour ma situation « idéale ». J'ajouterai également un fait important : les « facilités » de crédit étaient alors passablement plus contraignantes et même inexistantes, comparativement à ce qu'elles sont aujourd'hui (voir section « Les neufs façons créatives de trouver le financement », à la page 166).

À ce stade-ci, je sais que M. et Mme Sceptique croient toujours dur comme fer qu'acheter un plex est l'équivalent de tenter d'escalader l'Everest, gougounes aux pieds, sans bouteille d'oxygène. Penser de la sorte, c'est s'entraîner à mettre l'accent sur les difficultés pour ne voir que les obstacles et continuer de croire que rien n'est possible (On est né pour un petit pain). Formidablement... déprimant! Alors, j'aimerais en profiter pour régler ici deux autres points pour les sceptiques.

Premièrement, les jeux de hasard ne m'ont pas fait millionnaire. Mon plus gros gain à la loterie fut de 10 $. Toute une chance! Faudrait peut-être que j'achète plus de trois billets par année… et seul plutôt qu'en groupe. Mais bon! Têtu comme je le suis, je ne le ferai pas. J'aime beaucoup mieux investir dans l'immobilier (où je gagne presque chaque fois) plutôt que de gaspiller de l'argent, car 2 $, c'est aussi de l'argent! Si vous pensez le contraire, pourquoi ne pas me faire parvenir tous vos « ours polaires » *illico*? Vous n'avez qu'une chance sur 14 millions de gagner à la loterie, plus précisément une chance sur 13 983 816!

Prenez deux minutes (au lieu de deux dollars) pour réfléchir au fait que, mathématiquement, pour être certain de gagner, vous devriez acheter (pour le même tirage) un billet pour chacune des possibilités de combinaison. Cela fait donc 14 millions de billets, à 2 $, donc jouer-miser-dépenser 28 millions… pour devenir millionnaire! J'espère que le gros lot sera alors de plus de 30 millions et que vous serez seul à avoir la combinaison gagnante… sinon vous ne recevrez que la moitié de la cagnotte et serez dans le rouge de… 13 millions (28 M$ – (50 % x 30 M$)). Ne me dites pas que je n'ai pas considéré les 14 millions (moins un) d'autres billets. Même avec six chiffres sur sept, ça ne rapporte qu'environ 2 000 $ (l'équivalent de mille billets remboursés) et que dire de 3 000 participations gratuites? Vraiment pas facile de devenir millionnaire avec Loto-Québec! Effectivement, « Ça change pas le monde! »

Deuxièmement, mon père ne m'a jamais prêté d'argent et encore moins donné… pas même 10 $ qu'il aurait pu gagner à la loto. Pour tout vous dire, mon père est parti de la maison quand j'avais 9 ans. Pour ce qui est de ma mère, une femme très travaillante et pieuse, elle a vécu dans la pauvreté jusqu'à sa mort, c'est-à-dire à mes 11 ans. Ensuite, j'ai vécu en famille d'accueil jusqu'à mes 17 ans. Alors, si vos parents ne peuvent ou ne veulent pas vous aider financièrement dans votre projet d'achat, pas la peine de m'écrire un courriel en espérant trouver une oreille compatissante.

Si je vous ai parlé de mon expérience personnelle, c'est simplement pour vous démontrer que même si vous partez derrière la ligne de départ, si vous avez clairement en tête l'objectif de terminer la course, vous franchirez sans aucun doute la ligne d'arrivée. J'ai une conviction profonde, acquise par l'expérimentation dans ma propre vie, que tout est une question de choix, y compris demeurer locataire ou se donner les moyens de devenir propriétaire. Votre vie vous appartient. À vous de décider!

Chapitre 4

ORGANISEZ VOS FINANCES PERSONNELLES POUR INVESTIR EN PROFESSIONNEL

Nous y voilà! Le sujet qui fait peur. Celui qui tue les projets d'achat d'un plex directement dans l'œuf : l'aspect financier. La lecture de ces deux mots vous donne peut-être des frissons dans le dos. Normal, les institutions financières nous obligent à nous déshabiller sous leur regard indiscret (financièrement, j'entends).

Votre situation financière actuelle

Votre dossier financier regroupe vos revenus, vos obligations financières (les paiements à effectuer sur vos différents prêts et le loyer), votre cote de crédit et votre bilan. La qualité de votre dossier financier, aux yeux du créancier (prêteur) est un élément important, mais pas déterminant. Autrement dit, votre dossier financier peut contenir plusieurs emprunts (prêt étudiant, cartes de crédit, prêt auto, etc.) comptabilisés sous la colonne des passifs et ainsi réduire votre valeur nette (actif moins passif) à une peau de chagrin, sans que cela soit une entrave pour un achat immobilier.

Par exemple, dans le cas où votre valeur nette est faible (vous avez tout vendu ce que vous possédiez et une fois les dettes payées... il vous reste juste ce qu'il faut pour acheter un billet d'autobus), vous pourriez compenser largement ce fait par un bon historique de crédit (cote de crédit) et un revenu régulier.

Un emploi stable, voilà ce qu'aiment les institutions financières! D'ailleurs, vous ne serez pas surpris d'apprendre que les ménages québécois se sont endettés d'année en année depuis 30 ans pour atteindre un ratio dettes / revenus de 100 %.

Mario, un de mes cousins, avait des difficultés à obtenir une hypothèque pour l'achat d'un condo sur la Rive-Sud de Montréal, jusqu'au moment où les yeux du banquier lurent sur la fiche de l'emprunteur (dossier financier) de sa conjointe le mot « enseignante ». Même si la mise de fonds provenait de mon cousin entrepreneur, ce qui comptait pour la banque était la stabilité des revenus, la paie à dates fixes, de sa douce moitié.

Morale de l'histoire : plus vos revenus sont instables, ce qui est souvent le cas des très nombreux entrepreneurs et travailleurs autonomes, plus vous aurez besoin de garanties, donc d'un bilan avec une valeur nette la plus élevée possible. À l'inverse, avec un revenu « assuré » (comme si la sécurité d'emploi était encore courante), vous pourrez obtenir un prêt conventionnel plus sim-plement, même avec un bilan dont la valeur nette est faible.

Votre cote de crédit

Tout le monde a une cote de crédit, entreprises incluses. Il s'agit d'une « évaluation » de la façon dont vous avez géré l'aspect financier de votre vie au cours des six dernières années. Avant d'effectuer une demande d'emprunt, je vous recommande de demander une copie de votre dossier de cré-dit. Vous pouvez maintenant l'obtenir gratuitement (des frais sont exigés pour une consultation dans Internet) en télépho-nant à un bureau de crédit : Équifax, TransUnion du Canada ou Les Bureaux de Crédit du Nord inc. Prenez soin de vérifier l'information que contient votre dossier. Dans le cas où vous noteriez une erreur ou si vous êtes en désaccord avec certaines données d'information, vous pouvez communiquer avec le bureau de crédit en question afin d'apporter des corrections.

Acheter sans vous étrangler

L'achat d'un plex a pour objectif de vous permettre d'accéder à la propriété, d'améliorer votre qualité de vie et votre situation financière. Toutefois, aucun de ces objectifs ne peut être atteint sans que vous ne soyez maître de vos finances. Voilà pourquoi je vous invite à prêter une attention toute particulière aux éléments présentés dans ce chapitre.

Rêver de posséder un plex est grisant. Vous en avez peut-être même déjà un dans votre ligne de mire? Formidable! Afin de matérialiser ce rêve, vous devez d'abord évaluer votre situation financière. Ainsi, vous serez en mesure de quantifier la mise de fonds dont vous disposez et le montant nécessaire que vous devrez obtenir afin de compléter le financement hypothécaire ou autre. Par-dessus tout, une bonne connaissance de votre situation financière vous assurera une tranquillité d'esprit après l'acquisition de votre propriété ainsi qu'une assurance, car vous aurez fait des choix qui correspondent à votre capacité de paiement.

Votre situation financière n'est pas, malgré ce que les comptables peuvent en dire, représentative de votre valeur. D'ailleurs, ce n'est pas parce que votre valeur nette n'est pas aussi reluisante que vous le souhaiteriez que cela fait de vous un sans-le-sou. Si cela peut vous consoler, des cordonniers mal chaussés, il y en a aussi dans le milieu financier...

Que vous désiriez habiter votre futur plex ou qu'il s'agisse d'un pur placement, vous devenez un investisseur. À ce titre, vous devrez faire montre de rigueur et de discipline afin de suivre l'évolution de votre situation financière. Bien sûr, il faut y mettre de l'effort. Heureusement, il existe des outils simples pour vous aider à y voir clair. Je vous en présente deux dans ce chapitre: la grille de calcul des revenus et dépenses et le bilan personnel.

La grille de calcul est un outil précieux, car elle donne une bonne idée des dollars qui entrent et sortent de votre poche. Car, admettons-le, bien peu de gens peuvent se vanter de savoir avec précision où va leur argent. Le bilan, quant à lui, est en quelque sorte une photo de ce que vous avez accumulé. Le bilan répond à la question comptable et froide : « Combien valez-vous? »

Où va votre argent?

Aimer ou voguer aisément entre les notions comptables et les données financières n'est pas nécessairement la tasse de thé de tout le monde. Par contre, tout investisseur qui se respecte (lire : qui veut réussir) doit absolument faire cet exercice. Beaucoup de gens au Québec ne l'ont pas encore compris. Un jour, ils se réveillent criblés de dettes, ruinés et, le comble, sans la moindre idée de ce qui a bien pu se passer. Ça vous surprend? Regardez autour de vous et vous constaterez qu'il s'agit de la triste réalité.

Par exemple, une de mes connaissances, propriétaire d'un salon de coiffure qui roulait très bien, gagnait apparemment beaucoup d'argent (elle-même ne savait pas exactement combien). Cependant, elle a fini par tout perdre. La *pauvre* n'avait aucune idée du montant qui entrait chaque semaine dans ses poches... et encore moins de celui qui en sortait. Apparemment, sur son réservoir financier, le tuyau d'évacuation était plus gros que celui d'alimentation... Bref, elle ne m'a jamais écouté lorsque j'ai tenté, à maintes reprises, de lui proposer de faire l'exercice suggéré ici. Elle me disait chaque fois: « Si je meurs demain, je pourrai me vanter d'avoir tout fait. » Elle avait raison sur ce point, elle a tout fait, y compris une faillite...

Pour éviter ce genre de situation humiliante qui, malheureusement, est également une des principales causes de suicide, je vous encourage à remplir la grille de revenus et dépenses que je vous propose. Pour ce faire, il vous suffit de noter, à mesure (sinon vous oubliez), toutes les dépenses q faites dans une journée. Un petit calepin que vous p ..ez conserver sur vous fera l'affaire. Ce n'est pas un exercice très palpitant, mais il est très efficace pour savoir où vont les millions que vous gagnez (et dépensez).

L'idéal serait de faire cet exercice quotidiennement et pour la vie, mais comme pour les régimes, ça finit toujours dans le tiroir des bonnes résolutions... qu'on n'a pas tenues. Alors, voici une façon de faire : pour obtenir une vue représentative de vos revenus et surtout de vos dépenses, faites l'exercice pendant trois mois. Un peu de discipline et vous en apprendrez beaucoup sur vous-même.

À la fin de chaque mois, voici à quoi devrait ressembler vos notes :

REVENUS

(60 000 $ par année)

1 154 $	Salaire semaine 1
8 $	Bouteilles consignées
1 154 $	Salaire semaine 2
10 $	Gain au 6/49 (chanceux!)
1 154 $	Salaire semaine 3
1 154 $	Salaire semaine 4

DÉPENSES

82 $	Chaussures pour le travail
18 $	Bouteille de vin
750 $	Loyer
75 $	Hydro-Québec
116 $	Épicerie semaine 1
54 $	Resto avec Marc semaine 2
99 $	Épicerie semaine 2
51 $	Essence semaine 2
144 $	Épicerie semaine 4
91 $	Téléphone
64 $	Télé par satellite
48 $	Achat d'un grille-pain
8 $	Tim Horton's semaine 4

Ces données financières vous indiqueront trois éléments que tout investisseur doit connaître, soit :

Premièrement, le montant mensuel disponible pour investir. Une fois que vous aurez additionné vos revenus, faites de même avec vos dépenses. Pour connaître le montant que vous économisez chaque mois, vous devez soustraire de l'ensemble de vos revenus, le total de vos dépenses. Si, par contre, vous découvrez que vous dépensez plus que ce que vous gagnez, alors vous saurez que sans un sérieux redressement, c'est la faillite qui vous attend. Le banquier le sait aussi et c'est pourquoi avec une grille de revenus et dépenses dont le solde est négatif, vous n'obtiendrez pas le financement. Si jamais on vous l'accorde... refusez-le! Organisez d'abord vos finances personnelles pour dégager des liquidités à investir.

Deuxièmement, la répartition des revenus par poste de dépenses. En français, cela signifie qu'en regroupant les dépenses qui se ressemblent, pour ensuite les additionner, vous découvrirez exactement quel pourcentage de vos revenus est accaparé par chaque type de dépenses : restaurant, vêtements, voiture, logement, nourriture, billets de loterie, etc. Par exemple, vous êtes allé quatre fois dans les bars au cours du mois de février 2009. En additionnant les montants inscrits à votre calepin, vous obtenez un montant total dépensé de 350 $. Vous saurez ainsi que vous avez consacré, pour ce mois, 7 % (350 $ / 4 997 x 100) de vos revenus (1 154 $ x 4,33 (52÷12=4,33) = 4 997 $) à ce poste de dépenses. Faites de même avec vos autres dépenses. Vous avez maintenant la réponse à la question : où vont les millions que je gagne?

Troisièmement, les correctifs à apporter. L'information qu'offre la grille de calcul des revenus et dépenses vous donne la possibilité d'agir sur vos finances. Que vous viviez seul ou en couple, vous devez toujours tenir compte de l'ensemble des revenus dont vous disposez par rapport à vos obligations. Pour les couples, je suggère d'abord de faire l'exercice individuellement. Ensuite, en additionnant les montants que contient votre grille à ceux de votre partenaire de vie, vous réalisez une troisième grille « familiale » de revenus et dépenses. Sans créer de conflits dans le couple, vous pourrez tout de même apprendre qui paie quoi en proportion de ses revenus. Quelles dépenses pèsent le plus lourdement dans le budget? Quel ajustement serait-il possible de faire?, etc.

Lorsque vos revenus dépassent vos obligations (ce qui est recommandé), vous aurez alors une marge de manœuvre pour :

- soit payer l'achat de biens avec de l'argent comptant, évitant ainsi la création de nouvelles dettes;

- soit rembourser plus rapidement certaines dettes telles le solde d'une carte de crédit, ce qui est fortement recommandable;

- soit utiliser cette marge de manœuvre pour faciliter l'acquisition de votre plex, ce qui ajoutera des revenus à votre grille (revenus et dépenses) et un actif à votre bilan!

GRILLE DE REVENUS ET DÉPENSES

Types de revenus mensuels	Revenus
Paie nette mensuelle	
Intérêts de placement	
Revenus de location	
Allocations familiales	
Autres revenus	
Revenus mensuels (total)	

Types de dépenses mensuelles	Dépenses
Loyer	
Électricité et chauffage	
Entretien/réparations	
Téléphone	
Abonnement au câble	
Épicerie	
Vêtements	
Médicaments	
Loisirs, sorties	
Mensualité sur le prêt automobile	
Assurance automobile	
Immatriculation automobile	
Réparations, entretien et essence	
Mensualité minimale sur le solde de la carte de crédit n° 1	
Mensualité minimale sur le solde de la carte de crédit n° 2	
Mensualité minimale sur le solde de la marge de crédit	
Mensualité sur le prêt personnel	
Mensualité sur le prêt étudiant	
Assurance habitation	
Assurance-vie	
Autres dépenses	
Dépenses mensuelles (total)	

Revenu mensuel net (total des revenus mensuels – total des dépenses mensuelles)	

Le moment de vérité : le bilan

Combien valez-vous? Voilà la question à un million de dollars à laquelle le bilan répond. Très simple. Utilisez la grille apparaissant à la page 48 afin d'établir précisément l'ensemble de vos avoirs ou, si vous préférez, de ce que vous possédez (l'actif) ainsi que le total de vos dettes (le passif). En soustrayant le passif de l'actif, vous obtenez le portrait de votre situation financière, c'est votre *valeur*.

Pour une meilleure lecture du passif, indiquez trois informations pour chacune de vos dettes, soit :

- le montant emprunté initialement (idéalement, indiquez la date de l'emprunt);

- le solde dû actuellement;

- le montant du versement accompagné de sa fréquence (semaine, mois).

Chaque décision, prise au jour le jour, a un impact sur la valeur inscrite à votre bilan. Ce dernier est, comme vous, positif ou négatif.

Un bilan positif. Bravo! C'est la situation financière souhaitée. Vous possédez plus d'avoirs que vous avez de dettes. Plus le solde positif au bas de votre bilan est important, plus il vous sera facile d'obtenir le financement pour l'achat d'un plex. Vous avez des garanties à offrir aux prêteurs. Il est plus facile également de rassembler la somme requise pour constituer la mise de fonds. Cette dernière peut aussi représenter un pourcentage plus important de la valeur d'achat, ce qui vous permet d'économiser sur les frais et les intérêts puisque vous présentez un risque moindre.

Par exemple, si votre mise de fonds est égale ou supérieure à 25 % (certaines institutions financières exigent jusqu'à 35 %) du prix d'achat de votre propriété, vous n'aurez pas besoin de contracter une assurance-prêt, autrement obligatoire. En évitant cet intermédiaire, vous économisez les frais d'ouverture de dossier chez l'assureur (Genworth, Société canadienne d'hypothèques et de logement (SCHL)[3]) ainsi que la surprime versée à ce dernier. Logiquement, vous paierez aussi beaucoup moins d'intérêts puisque votre hypothèque sera moins élevée... de même que le taux d'intérêt.

Ce n'est pas tout! Les institutions financières ajoutent une prime à votre taux d'intérêt pour couvrir le « risque ». Ce dernier est d'autant plus faible que votre bilan est fort, et vice-versa. La règle est que, si votre bilan personnel et votre dossier de crédit sont des plus présentables, votre institution financière majorera généralement le taux d'intérêt hypothécaire d'une fraction de pourcentage (par exemple, + 0,35 %). Vous serez finalement payé plus cher de l'heure pour avoir consacré du temps à ces exercices.

Un autre exemple : vous venez de finir de rembourser votre prêt étudiant. Vous avez parallèlement amassé 60 000 $ dans votre REER. Vous avez ainsi une obligation financière en moins (prêt étudiant éteint), ce qui augmente votre capacité de remboursement. Vous disposez de liquidités (REER) pour constituer une mise de fonds, ce qui vous permet de vous « impliquer financièrement » dans l'achat de votre plex. Vous assumez une part du risque. En échange, l'institution financière réduit le taux d'intérêt sur votre hypothèque. Vous économisez encore!

Un bon profil financier d'investisseur consiste à posséder un certain capital et peu ou pas de mauvaises dettes qui ne génèrent aucun revenu (cartes de crédit, prêt auto, marge de crédit

---

3. La Société canadienne d'hypothèques et de logement a aboli ses frais d'ouverture de dossier pour les propriétaires-occupants (www.cmhc-schl.gc.ca).

personnel, etc.) par opposition aux emprunts pour investissements, telle une hypothèque, qui représente une *bonne* dette puisqu'elle contribue à vous enrichir.

Un bilan négatif. Vous avez bien deviné, c'est l'inverse : plus de dettes que de biens. Comme on le dit : « Ça regarde mal. » Vous vendez tout ce que vous possédez pour liquider vos dettes... et il vous en reste encore à payer. Votre « valeur » est un chiffre entre parenthèses, ce qui est la façon polie des comptables de représenter un montant négatif au bas du bilan. Un bilan négatif reflète une situation financière précaire. Vous avez possiblement une mauvaise gestion de vos revenus et dépenses. Peut-être une trop forte propension à la consommation?

Aux yeux d'éventuels prêteurs, les chances que vous ne puissiez pas remplir vos obligations après l'achat d'un immeuble sont logiquement plus importantes. Il est probable aussi qu'ils considèrent que vous vous occuperez de votre futur plex comme de vos finances... Dans l'esprit de tout créancier, cela sème un doute, auquel s'ajoute l'angoisse de l'absence de marge de manœuvre pour vous sortir d'un éventuel pétrin, par exemple un locataire qui disparaît après avoir saccagé votre logement.

Devant cette situation financièrement peu reluisante, vous avez intérêt à faire le grand ménage. Vous pouvez toujours demander une augmentation de salaire ou tenter de trouver un nouvel emploi plus payant. Vous avez une entreprise? Agissez rapidement pour lui redonner une profitabilité supérieure. Sinon, acceptez de vendre ou de fermer et passez à autre chose.

Vous pourriez aussi augmenter vos revenus temporairement avec un deuxième emploi (stratégie offensive) tout en diminuant le plus possible vos dépenses (stratégie défensive). C'est ce que j'appelle « créer un différentiel » : plus de revenus et moins de dépenses. Vous pouvez aussi générer un revenu en vous débarrassant de ce qui ne sert plus, ou mieux, de ce dont vous pouvez vous passer! Ainsi, vous pourriez vendre la troisième télé et la deuxième voiture, peut-être même la première. Utilisez cet argent (économies, ventes, augmentation de salaire, etc.) pour réduire vos dettes. La télé par satellite, le XBox ou une Wii, ce n'est pas obligatoire... J'ai géré pour plus de 20 millions d'actifs immobiliers sans jamais posséder l'un ou l'autre ni de voiture neuve! C'est un choix...

GRILLE DU BILAN

Actif	
Solde du compte-chèques	
Solde du compte d'épargne	
Meubles	
Ordinateur	
Automobile	
Assurance-vie (valeur de rachat)	
Régime enregistré d'épargne retraite (REER)	
Dépôts à terme	
Certificats de placement garanti (CPG)	
Actions	
Obligations	
Caisse de retraite	
Autres actifs (maison, terrain, etc.)	
Actif (total)	

Passif	
Prêt automobile	
Solde impayé sur la carte de crédit	
Marge de crédit	
Prêt personnel	
Prêt étudiant	
Comptes à payer	
Autres dettes (hypothèque)	
Passif (total)	

Avoir net (total de l'actif – total du passif)	

Un ménage de vos finances s'impose?

Moins votre situation financière est rose (lire plus vous êtes dans le rouge), plus difficile sera l'étape du financement. Par contre, et c'est là un paradoxe, pire est votre situation financière et plus vous avez besoin d'investir. Vous avez bien lu. Acheter un plex vous aidera à progresser financièrement et... améliorer votre situation financière vous aidera à acheter un plex.

Pourquoi se casser autant la tête? Parce que avec un peu (beaucoup pour certains) de discipline, vous pourrez acheter votre plex plus tôt que prévu puisque vous amasserez plus vite une mise de fonds qui, en attendant, contribuera à améliorer votre « valeur » au bilan. Ce dernier aura encore plus belle apparence si, parallèlement à vos économies, vous augmentez le montant des remboursements sur vos dettes. L'avenir appartient aux audacieux.

Comme il y a toujours place à amélioration, lisez attentivement la section suivante. Voici six pistes de solutions susceptibles d'améliorer votre situation financière.

Remettez vos « besoins » en question. Demandez-vous toujours avant d'effectuer un achat: « Ai-je vraiment besoin de cela? » Dans l'affirmative, la question à se poser est : « Cet achat peut-il attendre? » Vous vous rendrez probablement compte que vous achetez sur le coup de l'impulsion, comme tout bon consommateur qui se respecte, un tas de bidules inutiles et passablement de choses qui pourraient attendre. Le pire exemple à ma connaissance est une personne que je connais qui a acheté un chien... à crédit! Ce n'était pas un achat nécessaire et, bien sûr, ça pouvait attendre. Achetez seulement ce dont vous avez réellement besoin et jamais le jour même. En effet, en reportant vos achats essentiels d'une semaine (minimum), vous réaliserez que votre vie peut continuer sans ce manteau ou sans cette plante tropicale, par exemple.

Payez vos achats comptant. Premièrement, en payant comptant, vous vous sentirez plus riche (et vous le deviendrez). Deuxièmement, comment ferez-vous pour payer lorsqu'on exigera de vous le montant dû à la fin du terme, si vous n'avez pas réussi à économiser au départ pour l'acheter comptant? En réempruntant! Vous tombez alors dans le cycle de l'endettement et payez inutilement des frais et des intérêts sur presque tout. C'est simple : pendant que vous effectuez tous ces paiements sur vos biens, il ne vous reste plus un sou pour économiser afin de réaliser le but de ce livre : acheter votre plex.

Éliminez vos mauvaises dettes. Qui paie ses dettes s'enrichit. Commencez par celles qui ont le plus fort taux d'intérêt : les cartes émises par les grands magasins et les soldes de cartes de crédit. Réduisez la période d'amortissement (durée du prêt) en augmentant la fréquence : payer à la semaine plutôt qu'au mois. Vous pouvez aussi augmenter le montant de vos versements. Donnez-vous des objectifs mesurables et délimités dans le temps. Par exemple : prenez le montant du solde de votre carte de crédit (en espérant que vous n'en possédez qu'une seule...) et divisez-le par le montant que vous pouvez économiser par mois (8 464 $ / 770 $ = 11 mois) et dessinez un bonhomme sourire sur la page du calendrier à laquelle vous retrouverez une part supplémentaire de votre liberté.

Sabrez dans vos plus gros postes de dépenses. Reportez-vous au calepin utilisé pour remplir la grille de revenus et dépenses. Visez une grosse cible. Par exemple, si vos revenus familiaux mensuels bruts sont de 8 000 $ et qu'une somme de 1 920 $ par mois est engloutie dans le poste « restaurants », soit 24 % (1 920 $ / 8 000 x 100), vous auriez tout avantage à apporter votre lunch au travail ou à acheter des actions de Burger King. Tant qu'à être un gros client... autant en profiter en tant qu'actionnaire. Transférez ensuite l'argent économisé vers le poste « épargne ». Vous voilà devenu un grand épargnant... qui peut investir en grand.

Constituez un fonds d'investissement. Simple ne signifie pas facile, du moins pour les trois premières semaines. Les spécialistes du comportement humain affirment qu'il ne suffit que de 21 jours pour adopter une nouvelle habitude. Voici la démarche que je vous recommande : ouvrez un compte spécial et demandez à votre institution financière d'y effectuer des virements automatiques, à chacune de vos paies, d'un montant équivalent à 10 % de vos revenus bruts. Vous ne pouvez pas? Et si votre patron vous coupait ce 10 %, donneriez-vous votre démission? Calculez jusqu'où votre patron pourrait couper votre salaire sans que vous ne donniez votre démission et coupez-vous vous-même pour épargner.

Dans tous les cas, continuez de payer vos dettes d'une main et commencez à investir de l'autre. Lorsque votre fonds d'investissement, qui augmente, sera au même niveau que le solde total de vos mauvaises dettes, qui lui diminue, vous pourrez alors devenir libre sur-le-champ en utilisant votre fonds d'investissement pour éliminer d'un seul coup ce solde. Mettez du soleil dans votre bilan!

L'ultime solution : consolidez vos dettes. La consolidation de dettes consiste à regrouper vos emprunts en un seul prêt. N'attendez pas que vos créanciers vous y obligent. Vous conserverez ainsi une meilleure cote de crédit... comme dans *crédibilité*. Pour ce faire, additionnez l'ensemble de vos dettes. Faites ensuite une demande de prêt à votre institution financière correspondant à ce montant. Expliquez clairement que ce prêt sera affecté entièrement à l'élimination d'autres dettes. Vous ne voulez pas augmenter votre crédit, mais bien consolider celui que vous avez déjà. Soyez de bonne foi. Si l'institution financière vous offre de fermer votre marge de crédit et d'annuler pour vous vos cartes de crédit après remboursement, acceptez.

Il ne s'agit que d'un déplacement pour mieux regrouper vos dettes. Vous bénéficierez d'une économie en frais de gestion, d'un taux d'intérêt plus avantageux et d'un versement unique, ce qui est plus simple. L'objectif doit demeurer de vous débarrasser de vos dettes au plus vite. Un truc : calculez le montant de l'ensemble des paiements que vous deviez faire *avant* la consolidation (ex. : 245 $ + 453 $ + 64 $ = 762 $). Soustrayez ensuite de ce montant le versement qu'exige le nouveau prêt (762 $ – 549 $ = 213 $). Avec discipline, versez cette différence (213 $) sur le capital de votre dette chaque mois. Et là, croyez-moi, ça va diminuer rapidement! Évitez à tout prix de faire faillite et ne vous dites pas qu'un dossier, ça s'efface... L'inscription devient plus pâle avec le temps, mais ne disparaît pas.

Votre capacité d'emprunt

La capacité d'emprunt représente la part de vos revenus encore disponible pour assumer un nouvel emprunt, une fois tous vos paiements effectués. Lors de l'analyse financière de votre demande d'emprunt, les prêteurs adoptent l'approche comptable; ils séparent les opérations. D'un côté, ces derniers analyseront la situation de l'immeuble : l'ensemble des revenus générés (loyers, buanderie, stationnement, etc.) moins les dépenses courantes aussi appelées frais d'opération (entretien, vacances, taxes, assurances, électricité, mazout, etc.). De l'autre côté, votre capacité d'emprunt personnelle, sans tenir compte de la situation financière de l'immeuble, sera examinée.

Vous vous demandez possiblement pourquoi évaluer votre capacité d'emprunt alors que vous avez trouvé un beau quatre-logements dont les revenus couvrent les frais d'opération de l'immeuble? Avec mes lunettes d'investisseur immobilier, je vous donne raison. Cependant, comme une partie du financement provient des institutions financières (dans la majorité des cas), il faut bien regarder les choses sous leur angle.

Que vous désiriez habiter votre futur plex ou qu'il s'agisse purement d'un investissement, cela ne change rien au fait que les institutions financières privilégient la capacité d'emprunt de l'acheteur. La logique bancaire? Un revenu d'emploi stable (comprendre saisissable) vaut mieux à leurs yeux que n'importe quel revenu d'immeuble. Votre capacité d'emprunt affecte également la surprime que l'on ajoutera à votre taux d'intérêt, en raison du « risque » que vous représentez.

Il est à retenir que les revenus ne sont qu'une part de la capacité d'emprunt. Ce qui compte en réalité, ce n'est pas tant le niveau de vos revenus, mais bien la marge de manœuvre encore disponible pour assumer un autre emprunt. Par exemple, j'ai déjà connu un type, avocat de profession, qui avait un train de vie des plus rutilants. Un jour que je devais passer chez lui, j'ai eu la surprise, en franchissant la porte, de découvrir que son télécopieur se trouvait sur le plancher car... il n'y avait plus de meubles dans sa grande maison! Il était en faillite technique. Endetté jusqu'au cou! Peu importe s'il disait gagner 200 000 $ par année, sa capacité d'emprunt était de zéro.

Comment constituer sa mise de fonds

La mise de fonds ou le *cash initial* représente la première pierre de votre montage financier qui, à la fin, sera de la même hauteur que le prix payé pour votre nouveau plex. Vous pouvez recourir à plusieurs sources pour constituer votre mise de fonds. Voici les cinq plus courantes.

Les économies personnelles. En 2009, malgré un taux d'épargne à - 0,5 % (ce qui devient un taux d'endettement), il y a encore des gens « à leurs affaires » qui réussissent à mettre de l'argent de côté. Il ne s'agit pas toujours de ceux qui en gagnent le plus. Comme le disait un de mes amis comptable : « On peut être cassé à plusieurs niveaux », pour dire qu'on peut gagner 278 000 $ par année et en dépenser 300 000 $.

Les économies personnelles représentent la source idéale pour constituer une mise de fonds. Vous avez ainsi la liberté d'acheter votre plex avec de l'argent qui ne dépend pas d'un financement extérieur supplémentaire. Ces économies peuvent revêtir plusieurs formes: argent liquide, obligations d'épargne, certificat de placement garanti (CPG), REER, etc.

Les collatérales (garanties). Il s'agit de valeurs que vous possédez, le plus souvent des biens immobiliers tels que maison, chalet, terrain ou un autre immeuble. Vous pouvez également offrir une garantie sur des valeurs mobilières telles que des actions, des obligations, des certificats de placement garanti, etc. Une troisième catégorie de biens peut être utilisée pour constituer un collatéral, il s'agit de biens de consommation ayant une certaine valeur tels un voilier, de l'équipement de commerce ou un hélicoptère qui sont offerts en garantie pour l'achat de votre plex. Ils doivent avoir une certaine valeur aux yeux du prêteur (ce qui élimine votre vieux camion ou votre collection de disques) et pour lesquels vous ne devez rien ou presque. Vous utilisez donc des capitaux immobilisés, de l'argent « gelé », à titre de garantie afin de constituer la mise de fonds.

Le Régime d'accession à la propriété (RAP). Ce programme relevant du gouvernement fédéral s'adresse uniquement au propriétaire-occupant. Les investisseurs immobiliers ne peuvent se prévaloir des avantages du RAP. La porte de sortie des investisseurs est d'utiliser leur REER à titre de collatéral (voir section ci-dessus). Un REER bien garni offrira toujours une garantie alléchante pour les prêteurs.

Pour les propriétaires-occupants, le RAP permet de reprendre l'argent investi dans un REER pour acheter un plex, et ce, sans payer d'impôt (*raper*) sur la portion retirée. Pour bénéficier du RAP, il faut respecter les quatre conditions suivantes:

- *acheter pour la première fois ou ne pas avoir été propriétaire depuis quatre ans.* Lorsque vous désirez acheter à deux, cette règle vaut également pour votre conjoint ou conjointe. Par contre, si l'un des membres du couple n'est pas admissible, l'autre peut tout de même utiliser le RAP, s'il y a droit. De plus, vous devrez faire de cette propriété votre résidence principale et y emménager au cours des 12 mois qui suivront la date d'achat. Vous n'avez donc pas de temps à perdre dans le cas où vous devriez entreprendre des procédures de « reprise de logement par le propriétaire »;

- *retirer au maximum 25 000 $ par personne ou 50 000 $ pour le couple.* C'est la limite prévue par le programme;

- *rembourser le retrait au REER.* Le gouvernement vous permet de retirer des fonds REER pour vous acheter un plex sans prélever sa part d'impôts, mais il veut que vous ayez une belle retraite aussi... alors vous avez 15 ans maximum pour rembourser le prélèvement que vous avez fait à votre REER. Vous devez commencer les remboursements au plus tard deux ans après la date d'acquisition;

- *s'assurer que les fonds retirés du REER y ont été déposés au moins 90 jours avant le retrait.* Pourquoi ce délai de 90 jours? Simplement pour éviter les transferts de fonds. Par exemple, disons qu'Ulysse emprunte 20 000 $ sous forme d'un prêt personnel et dépose ensuite ces 20 000 $ dans son REER. Puisque notre ami a cotisé à son REER, il diminue d'autant ses revenus imposables et récupère ainsi l'impôt perçu en trop sur ces 20 000 $ gagnés durement. Disons qu'Ulysse est aussi brillant que la mythologie le dit et que, de ce fait, il utilise ce remboursement fiscal pour régler à son tour une partie de son prêt personnel. C'est à ce moment qu'il décide finalement de retirer ses 20 000 $ de son REER pour constituer sa mise de fonds dans l'acquisition d'un magnifique triplex. Le délai d'attente imposé par le gouvernement, entre le dépôt et le retrait au REER, rend impossible une te opération à l'intérieur d'un délai de 90 jours...

À mon avis, le RAP est très avantageux pour les gens désireux de s'acheter une maison... et carrément génial lorsqu'il s'agit d'un plex! En effet, la perte de rendement sur l'argent retiré du REER est en partie compensée par la déduction fiscale des intérêts payés (portion admissible) sur le prêt hypothécaire. De plus, pour les prêteurs, ceux qui peuvent *raper* représentent un moindre risque, ce qui vous permet de bénéficier d'une réduction de prime sur l'assurance prêt hypothécaire. En bref, *raper* signifie s'emprunter de l'argent à soi-même.

L'assurance prêt hypothécaire. Les assureurs hypothécaires sont des intermédiaires entre vous, l'emprunteur et votre institution financière. Ils ne contribuent pas directement au financement ni ne prêtent d'argent. Les assureurs hypothécaires vous permettent de réduire la mise de fonds exigée en « assumant le risque » à votre place. En cas de pépin, c'est l'assureur hypothécaire qui reprendra votre plex et remboursera votre institution financière.

En 2009, ce service est offert par la SCHL et Genworth. Le premier est une société d'État qui relève du gouvernement fédéral et voit à l'application de la Loi nationale sur l'habitation (LNH), alors que le deuxième est une entreprise privée. Choisissez l'assureur hypothécaire avec lequel votre institution financière a déjà une relation d'affaires ou incitez votre institution à changer! Il existe des différences (et des similitudes) entre le privé et le public. En voici les grandes lignes[4] :

- les deux assureurs hypothécaires ont éliminé les frais d'ouverture de dossier (droit de demande). Une économie d'environ 235 $;

---

4. Le secteur du financement évolue très rapidement, ce qui implique des ajouts, des modifications et des changements aux normes exigées et aux services offerts. Pour plus de précisions concernant les particularités de votre dossier, consultez le site des assureurs hypothécaires : www.genworth.com et www.cmhc-schl.gc.ca.

- dans le cas de l'investisseur (propriétaire non-occupant), seule la SCHL s'engage. Dans les dossiers d'investissement immobilier, la mise de fonds exigée représente 15 % du prix payé. Votre bilan doit également indiquer une valeur nette d'au moins 100 000 $. La prime, qui représente la « paye » de l'assureur hypothécaire, représente ici 4,5 % du montant emprunté (amortissement de 25 ans; ajoutez 0,25 % par tranche de cinq ans supplémentaire jusqu'à 35 ans), payable à l'achat ou ajouté au montant de l'hypothèque (prime financée);

- dans le cas du propriétaire-occupant d'un duplex, la mise de fonds est fixée à 5 %. La prime est de 2,75 % du montant emprunté pour un amortissement de 25 ans. Ajoutez 0,20 % par tranche de cinq ans supplémentaire ajoutée à l'amortissement. On tiendra également compte de 80 % (au lieu de 50 %) des revenus de location dans le calcul de votre capacité de remboursement;

- dans le cas du propriétaire-occupant d'un triplex et d'un quadruplex, la mise de fonds est de 10 %. La prime est de 2 % du montant emprunté pour un amortissement de 25 ans. Ajoutez aussi 0,20 % par tranche de cinq ans supplémentaire ajoutée à l'amortissement.

Le love money. Il s'agit d'un emprunt fait à quelqu'un de votre entourage (famille, contact, ami). Vous devez considérer cet emprunt supplémentaire pour ce qu'il est : une solution de dernier recours pour compléter votre mise de fonds. Ce choix, en plus de vous placer dans une situation souvent délicate par rapport à vos proches, peut aussi financièrement vous mettre dans l'embarras. N'oubliez pas que vous devrez honorer à la fois votre hypothèque et ce « montant d'amour » en plus de vos autres obligations. Feu jaune teinté de rouge!

Les frais connexes

Lorsque vous achetez un plex, votre implication financière ne se limite pas à la mise de fonds; vous devez également considérer le « coût d'entrée sur le marché », c'est-à-dire les frais liés à la réalisation de la transaction elle-même, aussi appelés les « frais connexes ». Il s'agit des dépenses suivantes (les tarifs indiqués sont à titre indicatif seulement).

Investisseur et propriétaire-occupant :

- *l'assurance hypothécaire* (si la mise de fonds est inférieure à 20 %, voire 35 % dans certaines situations selon les institutions financières). Les frais d'ouverture de dossier ont été éliminés. Par contre, une prime variant entre 2 et 4,5 % de la valeur du prêt hypothécaire demeure, plus une taxe de 9 % (TVQ applicable sur les assurances). À cela, il faut ajouter les primes additionnelles (0,20 ou 0,25 %) du montant emprunté pour chaque tranche de cinq ans au-delà de l'amortissement de 25 ans. Cette dépense est payable chez le notaire ou peut s'ajouter au prêt;

- *les frais d'évaluation.* De 2001 à 2006, le salaire des évaluateurs a fait un bond d'environ 35 %, soit 7 % par année, ce qui est d'autant plus vrai dans le cas des évaluateurs d'expérience (www.oeaq.qc.ca). Par contre, il est de plus en plus fréquent de voir les institutions financières ou les assureurs hypothécaires assumer cette dépense. À défaut de quoi, il vous en coûtera facilement 450 $ pour obtenir « confirmation » du montant de l'évaluation municipale... et du prix que vous avez indiqué dans l'offre d'achat!

- *les frais d'inspection.* Facture de 450 $ et plus. Ce n'est pas obligatoire, seulement intelligent, surtout si la propriété que vous désirez acheter commence à prendre de l'âge. Faites affaire avec un inspecteur agréé et assurez-vous que celui-ci possède une assurance professionnelle valide. Selon les dernières statistiques disponibles, seulement la moitié des 500 inspecteurs en bâtiment agissant au Québec seraient assurés. Exigez un rapport écrit de votre inspecteur. Mieux vaut prévenir par une inspection professionnelle que de tenter de poursuivre l'ancien propriétaire en justice pour vices cachés. Quelques centaines de dollars n'alourdiront pas la facture totale de la transaction. Par contre, vous saurez mieux ce que vous achetez. Dernier conseil : utilisez le rapport de l'inspecteur pour négocier un prix d'achat qui tient compte des travaux qui devront être effectués;

- *les frais de notaire et frais juridiques.* Facture de 1 400 $ et plus. Obligatoire au Québec, le contrat notarié vous donne l'assurance d'une transaction officialisée et en bonne et due forme. Je suis toujours nerveux lorsqu'un acheteur me dit avoir déniché un notaire qui a rédigé son contrat pour la moitié du tarif habituel. J'espère toujours dans ces cas que le notaire n'a pas fait aussi juste la moitié du travail. Un bon notaire, ça se paye.

  Un contrat truffé d'erreurs ou de recherches de titres bâclées n'est pas une bonne affaire. Vous voulez économiser? Négociez plutôt le prix d'achat de l'immeuble et faites ensuite appel au meilleur notaire de votre région. Vous consulterez peut-être un avocat avant de signer l'offre d'achat. Cependant, quel risque y a-t-il à remplir un contrat standard où vous n'avez qu'à remplir les espaces en blanc?

- *le certificat de localisation.* Facture de 1 400 $ et plus. Il s'agit d'un plan du terrain réalisé par un arpenteur-géomètre. Le certificat de localisation est généralement fourni et payé par le vendeur. La production de ce document exige des recherches de titres et vous assure, par exemple, qu'il n'y a pas de droit de passage accordé à un voisin sur votre terrain ou, plus important encore, que votre triplex est bel et bien construit entièrement sur le terrain que vous achetez. C'est pour ces raisons que le certificat de localisation est exigé par les institutions financières;

- *l'ajustement des impôts fonciers (taxes municipales et scolaires).* Facture variable, mais salée, particulièrement depuis les augmentations survenues en 2005 et 2006 et ceux de 2008 afin de permettre aux municipalités d'absorber l'augmentation des coûts des carburants... et du déneigement. « L'ajustement » est en réalité le remboursement, par l'acheteur, en l'occurrence vous, de la portion des taxes municipales et scolaires que le vendeur aura payée en trop. La majorité des municipalités, compte d'impôts fonciers exorbitant oblige, répartissent la note en deux ou trois versements annuels. À la date de prise de possession de l'immeuble, une partie du dernier paiement de taxes effectué par le vendeur devra lui être remboursée.

Par exemple : vous achetez un quadruplex dont les taxes municipales (c'est le même principe pour les taxes scolaires) sont de seulement 3 650 $ par année. Donc, il en coûte au propriétaire 10 $ par jour pour jouir des nombreux services offerts par sa municipalité (eau, égouts, déneigement, parc, etc.). Supposons que la facture est payable en deux versements annuels de 1 825 $ chacun (3 650 $ / 2), payables le 1er janvier et le 1er juillet de chaque année. Vous prenez possession de l'immeuble à Noël. Quel beau cadeau! Comme le dernier paiement couvre le reste de l'année, vous devrez rembourser au vendeur, au moment de la signature du contrat notarié, les six jours restant au calendrier, soit 60 $ (6 x 10 $). Vous pensez vous en être bien tiré? Attention, vous devrez payer aussi le prochain versement (1 825 $)... dans une semaine;

- *les droits de mutation.* Communément appelés la taxe de Bienvenue du nom du ministre Jean Bienvenue, qui a proposé cette taxe devenue depuis inévitable. Cette charge foncière est calculée en fonction du prix de la propriété acquise, comme suit :

  - 0,5 % sur la première tranche de 50 000 $;
  - 1 % de 50 000 à 250 000 $;
  - 1,5 % au-delà de 250 000 $;

- *l'assurance habitation.* Le coût variera grandement selon le secteur et, bien sûr, le nombre d'unités à assurer. Avant de débloquer les fonds, l'institution financière désirera s'assurer que sa garantie principale, votre immeuble, est protégée par une assurance. Le meilleur moyen de savoir avec plus de précision ce qu'il vous en coûtera est de vous informer auprès du vendeur du coût de son assurance habitation actuelle. Vous pouvez également demander une soumission à votre assureur.

  La nouveauté à ce chapitre est que votre cote de crédit affecte maintenant votre prime. En effet, des rabais sur prime allant de 5 à 10 % peuvent être accordés aux clients ayant une bonne cote de crédit et augmenter jusqu'à 30 % pour une excellente cote de crédit[5]. Vous n'êtes pas tenu de permettre à votre assureur de vérifier votre cote de crédit... sauf si vous désirez obtenir le rabais. La logique? Vous gérez bien vos finances, vous gérerez bien votre immeuble. Votre dossier de crédit est truffé de trous, s'il y en a un dans la toiture de votre triplex, peut-être vivrez-vous avec aussi...;

- *l'attestation de la qualité du sol.* Facture de 600 $ à 1000 $. Il s'agit d'un test qui permet de connaître la composition du sol (sablonneux, argileux, etc.) et de

---

5. Le journal *Les Affaires*, 30 septembre 2006, p. 80.

s'assurer qu'il n'y a pas trace de contaminant ou de pyrite. La pyrite a beaucoup fait parler d'elle ces dernières années en raison des problèmes qu'elle peut causer aux planchers et aux fondations de béton. Selon la nature des sols, la pyrite peut prendre jusqu'à 15 ans avant de causer des problèmes. J'apporte cette précision puisque j'ai vu un cas où les acheteurs d'un duplex d'une douzaine d'années se sont fait dire : « S'il y avait eu un problème, il se serait déjà produit. »

En 2009, l'obtention de cette attestation n'est pas obligatoire sauf dans les rares cas de changements d'affectation (usage de l'immeuble). Par exemple, si vous achetez un ancien garage et désirez le transformer en triplex, le test de sol sera un incontournable.

Dernière précision, il est maintenant obligatoire, lors du test de sol, de produire un avis de contamination (ou de décontamination), ce qui permettra dorénavant de connaître, au moment de l'achat, si un tel avis a été publié;

- *la TPS (5 %) et la TVQ (7,5 %)*. Ces taxes sont applicables pour les constructions neuves.

Propriétaire-occupant :

- *les frais de déménagement.* Vous demanderez l'aide de votre famille et de vos amis? Vous devrez prévoir un budget minimum pour absorber le coût des bières et des pizzas pour les copains. Vous préférez retenir les services d'une entreprise de déménagement? Dans ce cas, les tarifs varient selon l'étage où vous déménagez, la distance à parcourir et le moment de l'année. Le tarif de base est d'environ 120 $ / heure si vous vous occupez de l'emballage; sinon, c'est le double;

- *l'aménagement intérieur et extérieur.* Le total de la note variera selon vos goûts, vos besoins et l'état des lieux. Je dirais qu'à ce chapitre, il n'y a pas de limite. J'ai un ami qui a dépensé 16 000 $ juste en moulures! Le simple fait que les stores, rideaux et lustres du logement du propriétaire-vendeur sont inclus sur la fiche de vente peut vous faire économiser énormément. Il est vrai que les goûts ne se discutent pas et la qualité n'est pas toujours au rendez-vous, mais peut-être pouvez-vous vous en accommoder pour un temps. Cette dépense variera donc selon les « inclusions » mentionnées à l'offre d'achat;

- *les frais de rebranchement.* Ce sont des dépenses faciles à omettre, surtout dans l'excitation d'emménager dans une nouvelle demeure. Cependant, une fois ces dépenses additionnées et ajoutées aux autres frais connexes, la facture peut être difficile à avaler :

  - électricité : 20 $ pour un changement d'adresse, 50 $ pour ouvrir un compte;
  - téléphone : 55 $;
  - télévision payante : 100 $ pour l'installation du câble. Peut-être vous faudra-t-il une nouvelle antenne parabolique?

- *autres frais liés à l'habitation d'un plex.* En tant que nouveau propriétaire, vous aurez besoin de nouveaux outils pour effectuer l'entretien de votre immeuble. Ce sera encore plus vrai si vous entreprenez vous-même des travaux de rénovation majeurs. Vous aurez besoin aussi d'une pelle, d'une poubelle, peut-être d'un bac de compostage, de nouveaux pots de fleurs, d'étagères supplémentaires pour la remise ou le garage. Je vous laisse continuer cette liste qui, en passant, n'est jamais complète. Lorsque l'on devient propriétaire, il y a toujours quelque chose qui manque.

Prendre le temps de faire le point sur l'état de ses finances est important. Lorsqu'il s'agit d'acquérir un immeuble, cet exercice s'avère indispensable. Vous devez bien connaître votre situation financière et y apporter tous les correctifs nécessaires afin d'augmenter vos chances d'obtenir rapidement le financement. Ce faisant, vous pourrez aussi, par la suite, orienter vos recherches de façon plus efficace.

À chacun de trouver l'équilibre entre ce qui lui convient et ce qu'il lui est possible de s'offrir pour l'instant. Considérant le plaisir et la satisfaction que vous éprouverez à réaliser votre rêve de devenir propriétaire d'un immeuble, l'effort demandé pour mettre de l'ordre dans vos finances semble bien minuscule. Dans le même ordre d'idées, nous aborderons dans le prochain chapitre les différents ratios financiers. Inutile d'analyser les fiches techniques ou, pire, de perdre votre temps (et celui de votre agent ainsi que du vendeur) en visitant des plex hors de votre capacité d'emprunt. Voilà à quoi servent les ratios.

Chapitre 5

LES RATIOS FINANCIERS

Les institutions financières carburent aux ratios financiers. C'est semble-t-il tout ce qui compte... enfin presque. Pendant les quelques mois où j'ai été banquier, je me demandais chaque jour pourquoi la banque embauchait des diplômés universitaires alors qu'il n'y a rien de plus simple que d'appliquer des grilles de ratios. Pourquoi exiger d'un candidat des connaissances et un esprit analytique alors que quelques calculs de base suffisent pour rendre une décision?

Je n'ai jamais pu me résigner à appliquer à la lettre les ratios découlant des nouvelles « normes, directives, politiques et procédures ». Cette obsession des ratios m'a poussé un beau matin à remettre ma démission.

Voilà ce qui se passe dans les coulisses des institutions financières lorsque vous faites une demande de prêt hypothécaire, ce qui fait qu'une demande est acceptée ou refusée. Tout est la faute des ratios!

Le plus drôle dans mon expérience de banquier, c'est qu'en écoutant mes mentors discuter entre eux, le premier ratio que j'ai appris est celui qui détermine le moment où ils peuvent enfin prendre leur retraite! Ce ratio est appelé « le facteur 80 ». Il s'agit du chiffre magique qui résulte de l'addition de l'âge du banquier et du nombre d'années de service passées à calculer des ratios!

Cinq ratios sont couramment utilisés dans les calculs servant à l'acquisition d'un plex. Le ratio 1 est le plus connu (mais pas le plus important) et sert à déterminer le « bon prix » à payer. Les ratios 2 et 3 doivent être utilisés afin de compléter le premier. C'est ce que j'appelle mettre les choses en perspective. Les deux derniers ratios, 4 et 5, sont destinés plus particulièrement aux propriétaires-occupants. Il s'agit de références privilégiées par les institutions financières. Ce sont des repères utiles. Ils permettent aussi de déterminer rapidement l'appui financier personnel, ce que vous pourrez injecter dans votre immeuble si les choses se corsent... et qui sera considéré par l'institution financière!

Ratio 1 : le ratio prix / revenus

Afin de calculer ce ratio, qu'on appelle aussi « multiplicateur de revenus bruts », vous devez considérer que l'immeuble est loué à 100 %. Ne tenez donc pas compte des pertes de revenus locatifs (taux d'inoccupation). Le revenu qui serait généré par votre logement, celui que vous habitez, s'il était loué à un tiers, doit également être ajouté aux revenus. Bref, pour les fins de ce calcul, vous devez considérer la situation comme étant parfaite. Une fois l'ensemble des revenus bruts mensuels additionnés, vous multipliez ce montant par douze. Vous avez maintenant le revenu brut maximum que peut rapporter cet immeuble annuellement. Tout ce qu'il vous reste à faire est de diviser le prix de vente par ce montant.

Par exemple, un quintuplex qui rapporte mensuellement 3 765 $ ((2 x 710 $) +755 $ + (2 x 795 $)) offre donc un revenu annuel brut maximal de 45 180 $ (12 x 3 765 $). Un prix de vente de 384 000 $ vous indiquerait que cet immeuble offre un rapport prix / revenus acceptable de 8,5 (384 000 $ / 45 180 $). Puisque neuf fois les revenus est la limite à ne pas dépasser, vous ne devriez pas, dans cet exemple, payer un prix supérieur à 406 620 $ (9 x 45 180 $). Pour ce ratio, que je n'utilise que pour faire une première sélection parmi les immeubles qui m'intéressent (un ratio ne dit pas tout), mon record a été de payer 4,17 fois les revenus bruts! Un record est toujours fait pour être battu...

Un conseil : ne faites pas de ce ratio une religion! Ce calcul est utile, mais je n'achèterais jamais un immeuble les yeux fermés juste parce qu'il offre un ratio intéressant. Vous devez tenir compte également de la qualité de la construction, des services à proximité, de la « qualité » des baux (comprendre : le niveau de risques de problèmes en tous genres que représente la clientèle), mais aussi des investissements à effectuer en rénovation dans les 36 prochains mois et du secteur.

Ratio 2 : les revenus moins dépenses

Voici un ratio dont la simplicité n'enlève absolument rien à son utilité. Avec la même logique que pour le ratio prix / revenus, vous devez calculer les sommes maximales brutes que l'immeuble peut générer en une année. De ce montant, vous retranchez ensuite l'ensemble des dépenses. N'oubliez pas cette fois d'ajouter aux dépenses un taux d'inoccupation (taux de vacance ou nombre de logements vacants) d'au moins 5 %. Demeurons réalistes. Je sais pertinemment que vous êtes meilleur que moi pour louer à temps et que la collecte de loyers, ça vous connaît. Voilà pourquoi personnellement, je considère plutôt un taux d'inoccupation de 7 %.

En 2008, selon la Société canadienne d'hypothèques et de logement, le taux d'inoccupation moyen des grands centres urbains au Canada était de 2,2 %, sous le « taux d'équilibre » qui se situe à 3 % environ. En 2008, le taux d'inoccupation se situait à 0,6 % (1,4 % en 2005) pour Québec, à 2,4 % pour Montréal (2 % en 2005) et à 1,7% pour Trois-Rivières (1,5 % en 2005). Dans les rares cas où le propriétaire-vendeur indique, dans ses états des résultats, un taux d'inoccupation supérieur à 7 %, j'utilise ce chiffre!

Remarquez bien qu'une majorité de fiches techniques d'immeubles ne comportent aucune référence quant au taux d'inoccupation. Je peux vous dire qu'il est primordial de l'inclure, car il arrive que certains vendeurs louent à n'importe qui dans l'espoir ensuite de vendre selon le fameux ratio prix / revenus... à un prix supérieur puisqu'il est basé sur des revenus gonflés.

À la lumière du ratio du revenu moins dépenses, je vous déconseille fortement d'acheter un immeuble dans lequel vous devrez injecter, mois après mois, de vos précieux dollars... provenant d'une autre source. La règle est simple et je vous suggère de l'écrire sur votre frigo : un immeuble DOIT s'auto-suffire financièrement.

Ratio 3 : le prix d'une porte

Dans le milieu immobilier, le terme « porte » est utilisé familièrement pour désigner indifféremment un logement ou un appartement. Une porte est synonyme d'unité locative. Un quadruplex est aussi un quatre-unités ou... un quatre-portes. Lorsque vous achetez un immeuble, vous achetez un certain nombre de portes. Le prix d'achat est pour l'ensemble. Afin de vous donner, comme acheteur, une autre perspective, divisez le prix de vente par le nombre de portes que contient l'immeuble.

Dans l'exemple précédent, l'immeuble était payé 384 000 $ et comptait cinq portes. Le prix de vente divisé par 5 nous donne un prix de 76 800 $ (384 000 $ / 5) la porte. Ce ratio permet une comparaison plus précise des prix demandés pour les immeubles d'un même secteur. Bien entendu, vous devrez tenir compte de la taille des unités dans vos comparaisons. Il est normal de payer plus cher pour un immeuble qui compte trois 6 1/2 que pour un autre qui compte également trois portes qui s'ouvrent sur des 3 1/2.

Les trois ratios que nous venons de voir ont trait à l'immeuble lui-même, à ses revenus et à ses dépenses. Les deux prochains tiennent compte de la situation financière personnelle de l'investisseur ou du propriétaire-occupant.

Ratio 4 : le coefficient des charges brutes

Ce ratio permet d'évaluer la part de vos revenus familiaux bruts que vous pouvez consacrer mensuellement, en fonction de la portion de l'immeuble que vous habitez, aux charges ci-dessous :

- le remboursement hypothécaire mensuel (capital et intérêts). Votre unité de logement divisée par le nombre de logements que contient votre plex. Pour un quadru-plex, la portion de la mensualité hypothécaire qui vous revient est de 25 % (1/4 unités);

- les taxes municipales et scolaires (coût annuel divisé par 12). Le montant mensuel ainsi obtenu doit ensuite être divisé par le nombre d'unités de logement que contient l'immeuble;

- les frais de chauffage de l'unité de logement habité par le propriétaire (coût annuel divisé par 12).

Le total ne doit pas dépasser 32 % de vos revenus familiaux bruts mensuels.

Le coefficient des charges brutes se calcule donc de la façon suivante :

Total des charges mensuelles liées à l'immeuble
(soit remboursement hypothécaire + taxes mensuelles) /
nombres d'unités de logement de l'immeuble +
chauffage de l'unité habitée par le propriétaire

———————————————————————————————

revenus familiaux bruts mensuels

Exemple 1 : Quadruplex, propriétaire-occupant

Revenus familiaux bruts annuels : 70 000 $

Prix d'achat du quadruplex : 320 000 $ ou 80 000 $ la porte (320 000 $/4 unités)

Mise de fonds de 15 % : 48 000 $ (320 000 $ x 15 %)

Prêt hypothécaire : 272 000 $ (320 000$ – 48 000 $)

Remboursement hypothécaire mensuel (capital et intérêts) : 2015,50 $ ou

503,88 $ / semaine x 4 semaines[6]

Taxes municipales et scolaires : 670 $ / mois (8 040 $ /12 mois)

Frais de chauffage mensuels : 69 $ (3 312 $ / 4 unités = 828 $ / 12 mois)

Coefficient des charges brutes :

Total des charges mensuelles liées au logement

(2 015,50 $ + 670 $) / 4 + 69 $ = 740,38 $

————————————————————————————————— = 12,7 %

Revenu familial brut mensuel 70 000 $ / 12 = 5 833 $

---

6. Taux d'intérêt de 6,50 %, amortissement sur 20 ans, terme de 5 ans.

Dans cet exemple, le montant maximal mensuel qu'il serait possible d'allouer aux dépenses de logement est de 1 867 $, soit : 32 % de 70 000 $ = 22 400 $ / 12 mois. Une « dépense pour se loger » de 740 $ (12,7 %) est bien inférieure à la limite maximale, ce qui est l'idéal.

Il est à noter que dans l'éventualité où vous n'habiterez pas votre immeuble, l'institution financière fera le même calcul que ci-dessus afin d'évaluer les liquidités financières dont vous disposez entre ce qu'il vous en coûte actuellement pour vous loger et le montant que représente 32 % de vos revenus familiaux bruts. Cette marge de manœuvre (si elle existe) est une forme de police d'assurance pour l'institution financière. Dans l'exemple ci-dessus, ce coussin est de 1 125,83 $ par mois (32 % – 12,7 % = 19,3 % de 70 000 $ = 13 510 $ / 12).

Ratio 5 : le coefficient d'amortissement total de la dette

Un grand nom pour dire une chose simple : une fois propriétaire, la vie continue! Vous devrez continuer d'assumer votre paiement de voiture, le versement sur votre prêt étudiant et les paiements minimums sur les cartes de crédit (que vous n'avez pas encore détruites). Ce ratio permet de calculer la part du revenu familial brut qu'il est possible de consacrer mensuellement à l'ensemble des charges financières. Cette fois-ci, **on ne doit pas dépasser 40 % du revenu familial brut total.**

Voici comment calculer le coefficient d'amortissement total de la dette :

remboursement hypothécaire + taxes mensuelles/
nombre d'unités de logement de l'immeuble +
chauffage de l'unité habitée par le propriétaire +
tous les autres versements mensuels sur vos emprunts existants

---

revenus familiaux bruts mensuels + 50 % des revenus de location*

* considérez 80 % du revenu de location dans le cas d'un duplex.

Les ratios 4 et 5 sont les deux coefficients qui forment la « règle du 32-40 ». C'est ce barème qui permet de calculer le montant maximal d'emprunt hypothécaire que vous pouvez assumer. Vous savez maintenant que les dépenses pour vous loger ne doivent pas dépasser 32 % de votre revenu familial brut mensuel. Lorsqu'on ajoute à cela vos autres obligations financières, le total obtenu ne doit pas excéder 40 % de votre revenu familial brut mensuel.

Tous ces ratios ne semblent être que des chiffres, mais ils peuvent faire en sorte que votre demande d'emprunt soit rejetée, ce qui est fort désagréable. Même énoncé avec doigté et diplomatie, un non restera toujours un non. Ces cinq ratios représentent en réalité un pont entre votre rêve et ce plex qui, avec l'application (et le respect) de ces calculs, sera bientôt vôtre!

Chapitre 6

LE SECTEUR,
LE SECTEUR...
LE SECTEUR!

L e titre de ce chapitre n'est pas une erreur. En fait, l'erreur serait plutôt d'acheter un plex sans se préoccuper du... secteur! J'entends ici le quartier, comme Hochelaga-Maisonneuve ou le Plateau à Montréal, ce qu'on appelle un arrondissement, ce que d'autres nomment en utilisant les points cardinaux : le secteur nord, sud, etc. Chaque ville a ses zones en demande, ses quartiers tranquilles et ses secteurs à éviter.

Les quatre principes de base

En immobilier, quatre principes de base sont liés au secteur.

Principe 1. Avant d'entreprendre vos recherches, en toute logique, vous devez éliminer d'emblée les secteurs qui ne comportent pas de plex. Rien ne sert de chercher un triplex dans un parc de « maisons mobiles »!

Principe 2. Acheter dans un quartier en demande, c'est très bien; dans un quartier qui ne l'est pas encore, mais qui le deviendra, c'est encore mieux! Comment savoir? Informez-vous auprès du service d'urbanisme de votre ville des projets qui verront bientôt le jour. Lisez les journaux, les développements projetés s'y retrouvent toujours. Réfléchissez aux grandes tendances qui affecteront notre société (vieillissement de la population, conscientisation par rapport à la protection de l'environnement, changements climatiques, etc.) et demandez-vous quels impacts ils auront sur la ville, plus particulièrement sur chacun de ses secteurs.

Ceux qui réussissent en immobilier (et en affaires) ont développé cette faculté d'anticiper les changements qui toucheront favorablement ou non certains secteurs. Ces investisseurs avertis se dirigent vers les secteurs « porteurs » tout en évitant les autres.

Notez également que certains types de projets peuvent induire une baisse de valeur dans le secteur où ils sont construits. Nous n'avons qu'à penser à des projets tels que les mégaporcheries, les raffineries pétrolières, les centrales nucléaires, les prisons.

Principe 3. Éviter d'acquérir la « plus belle » propriété du secteur. Le plex que vous désirez acheter prendra davantage de valeur si vous pouvez, grâce à quelques travaux, l'élever à un niveau d'entretien et de style comparable à celui du voisinage. Bref, c'est le plex ordinaire ou un peu délaissé, mais qui, avec un peu d'imagination et de travail, peut gagner en éclat, et ce, dans un secteur attrayant. À retenir : les propriétés les plus belles donnent de la valeur au secteur et les propriétés moyennes... en prennent!

Principe 4. Le secteur détermine l'environnement de la propriété qui, à son tour, influe énormément sur la valeur d'un plex. Il faut donc tenir compte du secteur, autant que de la propriété elle-même, dans le calcul du prix à offrir au vendeur. Autre secteur, autre prix.

Le secteur où se trouve le plex que vous désirez acheter regroupe un ensemble de facteurs ayant une grande influence sur la qualité de vie de ses résidants. Vos futurs locataires seront bien sûr très sensibles à des éléments tels le bruit, les espaces verts, une piste cyclable, des services de transport en commun, des écoles, des centres sportifs, un terrain de golf, un centre commercial, un hôpital, etc. Que vous envisagiez d'emménager ou non dans votre immeuble, vous devez porter une grande attention à tous ces éléments ayant trait à la qualité de vie.

Une précision à l'intention des investisseurs : ne commettez pas l'erreur d'éviter d'acheter une propriété, si bien sûr elle répond à vos critères de sélection, sous prétexte que vous-même n'habiteriez pas ce secteur. Ne confondez pas vos besoins, vos préférences et vos goûts en habitation avec ceux de vos futurs locataires. Personnellement, j'aime vivre à la campagne, dans mon presbytère centenaire. Par contre, je comprends le fait que plusieurs locataires préfèrent l'accessibilité, la proximité et les nombreux services qu'offre la vie citadine. Évaluez également le temps nécessaire pour vous rendre à votre immeuble à partir de votre résidence. Vous devrez faire le trajet pour effectuer ou superviser certains travaux ou réparations, procéder à la collecte des loyers, assurer les visites de location, etc.

Pour les propriétaires-occupants, il s'agira d'évaluer la distance entre votre plex, votre nouvelle résidence, et votre lieu de travail. Pour certains, le trajet en métro (ou en voiture) aide à établir une coupure entre vie professionnelle et vie personnelle. Pour d'autres, cela ne représente qu'une perte de temps. Si c'est votre cas, il faudrait peut-être oublier certains secteurs que vous jugez trop éloignés. Toujours et encore une question de goût et de perception...

En résumé, afin de cibler plus facilement les secteurs :

- examinez la présence de plex dans le ou les secteurs;

- respectez vos critères de sélection (quartier qui offre un potentiel de développement, de croissance des valeurs, etc.);

- demeurez à l'intérieur d'une distance acceptable à parcourir, soit entre votre lieu de résidence et la propriété (investisseur) ou entre cette dernière et votre lieu de travail (propriétaire-occupant).

Vous pouvez vous procurer, pour quelques dollars, une carte de la ville où vous désirez effectuer votre achat. Représentez visuellement, par un trait autour des quartiers retenus, les différents secteurs possibles. Cette étape vous donnera (en un clin d'œil) un bon aperçu des possibilités. Vous pouvez compléter l'exercice en traçant autour de votre maison ou de votre lieu de travail, toujours selon que vous soyez investisseur ou propriétaire-occupant, un cercle dont le rayon représente la distance maximale (calculée en temps ou en kilomètres) que vous êtes disposé à parcourir.

Il faut garder à l'esprit que vous ferez ce trajet pendant plusieurs années. À moins que vous soyez un spéculateur… ou un travailleur à domicile. Vous vous retrouverez ainsi avec des espaces où votre cercle chevauchera certaines portions de secteurs délimités précédemment. Vous obtiendrez alors des zones d'achat précises. C'est un truc vraiment pratique, simple, rapide et qui n'exige qu'une carte et un compas.

La municipalité, le quartier puis le voisinage immédiat

C'est le principe de l'entonnoir. On va du plus large au plus précis. Du choix de la ville jusqu'au numéro d'adresse. Le choix de la municipalité ne pose pas de problèmes : achetez sur le territoire de la ville qui répond aux trois critères mentionnés précédemment. Il en va pratiquement de même pour le choix du quartier. Par contre, le voisinage immédiat requiert une plus grande attention de votre part.

Par exemple, tout récemment, on m'a contacté pour m'offrir un duplex dans un secteur qui, je crois, a de l'avenir à Trois-

Rivières. Le hic, c'est que les immeubles autour appartiennent à une entité qui, par le passé, a démontré clairement son aversion pour l'entretien et la rénovation. Dans ce cas, je ne pourrais pas (ou très difficilement) rentabiliser une opération de remise à niveau en effectuant des travaux de rénovation majeurs. La raison en est qu'il sera difficile, à la fin des travaux, de louer les logements plus chers afin d'obtenir un rendement intéressant sur les montants investis... parce que l'environnement immédiat, lui, n'aura pas changé.

Ceci étant dit, il n'y a pas de bonnes ou de mauvaises propriétés, il y a seulement des propriétaires qui ont acheté trop rapidement sans se poser les bonnes questions. Remarquez, ceux-là, je les aime beaucoup; c'est précisément ces gens qui deviennent rapidement des vendeurs motivés (lire : ils sont prêts à accepter votre prix et vos conditions). Ce sont eux qui, sur le marché immobilier, offrent les meilleurs *deals*... et contribuent à entretenir les fausses croyances mentionnées au début du livre...

En dernier lieu, il sera important de comparer l'immeuble que vous envisagez d'acheter avec ceux qui l'entourent. Cela est particulièrement recommandé dans un quartier urbain où les styles de construction et la taille des propriétés ne sont pas uniformes. Par exemple, il y a le triplex en brique auquel on a ajouté une rallonge en bardeaux de vinyle pour y aménager un quatrième logement. Même chose avec les garages attenants transformés (pas toujours avec goût) en studio. Je ne suis pas contre la diversité des styles et encore moins contre la récupération de matériaux... et d'espace. Cependant, votre plex conservera plus facilement sa valeur si les propriétés avoisinantes sont similaires et bien entretenues.

Les répercussions financières liées au choix de secteur

La qualité d'un secteur influence énormément le prix payé. En effet, chaque service à proximité de l'immeuble poussera à la hausse le prix de celui-ci. L'évolution du quartier aura un impact majeur sur la valeur de revente de la propriété. Pour toutes ces raisons, le secteur revêt une importance capitale en immobilier. Ce choix est vital puisqu'il concerne des éléments externes sur lesquels vous n'avez que peu ou pas d'emprise.

Selon François Des Rosiers, professeur de gestion urbaine et immobilière à l'Université Laval, « sa localisation [l'immeuble] pourrait représenter de 25 % à 40 % de sa valeur, sinon davantage »[7]. Autrement dit, un quadruplex vaut 650 000 $ parce qu'il est construit dans un secteur en demande et dispose de nombreux services à proximité (bibliothèque, école, hôpital, centre sportif, etc.) et d'attraits tel un parc ou un cours d'eau. Voilà pourquoi on entend (encore trop souvent) de la bouche de certains agents immobiliers à court d'arguments de vente pour justifier un prix trop élevé : « la même propriété replacée dans un quartier cossu ou dans une ville plus importante et mieux développée vaudrait le double! » C'est le cas lorsque cette ville en question est, par exemple, Toronto ou Vancouver...

Débourser plus pour acheter un immeuble bien situé est avantageux puisque :

- ses occupants (vous ou vos locataires) bénéficieront d'une qualité de vie supérieure;

- la valeur de revente demeurera élevée. C'est la loi de l'offre et de la demande : plus une propriété peut convenir, de par ses caractéristiques et son emplacement, à un grand nombre de personnes, plus son prix sera élevé.

On en a toujours pour son argent. Par contre, si votre portefeuille vous force à envisager des secteurs moins recherchés,

---

7. BOURASSA, Martin. « Combien vaut l'environnement de votre maison? », Journal *Les Affaires*, 2 mars 2002.

vous n'aurez pas tout perdu puisque vous bénéficierez d'un meilleur pouvoir de négociation. Cependant, ne faites pas l'erreur de comparer le prix demandé avec ceux de secteurs plus en demande. Vous pourriez alors penser avoir trouvé une bonne occasion d'affaire (ce qui serait vrai si l'immeuble était à une autre adresse...) alors qu'en réalité, il s'agit d'un prix tout à fait acceptable pour ce secteur. Votre immeuble vous offrira d'ailleurs une valeur de revente plus faible.

L'exception qui confirme la règle et qui fait rêver tout investisseur immobilier : le quartier boudé lorsque vous achetez et qui devient par la suite la coqueluche des secteurs! Ce fut le cas à Montréal avec le Plateau. Avant l'an 2000, qui en avait entendu parlé positivement? Maintenant, qui n'aimerait pas y avoir acheté un immeuble à la fin des années 1990?

Évidemment, mieux sera situé votre immeuble et plus le compte de taxes municipales et scolaires sera salé. D'abord, l'attrait d'un secteur pousse les valeurs du marché à la hausse. Les évaluations municipales, malgré leur retard, finissent par rejoindre les valeurs marchandes, créant une valeur taxable plus importante. À cela, il faut ajouter un taux de taxation qui, à long terme, suit la même logique. Résultat éventuel : une plus grande valeur à laquelle est appliqué un taux de taxation souvent « bonifié ». Le calcul de ce dernier s'effectue selon la formule suivante :

Taux de taxation (par tranche de 100 $)

x

évaluation municipale de la propriété

=

taxes municipales annuelles (ce montant est ensuite réparti, le plus souvent en deux ou trois versements).

Ce type d'information est public. On peut obtenir ces données par téléphone en communiquant avec la municipalité ou plus simplement, dans Internet. Le taux de taxation ainsi que l'évaluation municipale sont également indiqués sur le relevé d'évaluation foncière émis par les municipalités.

Vérifiez auprès du conseiller municipal, selon les secteurs qui vous intéressent, les prévisions budgétaires de la ville. Vous pourrez ainsi évaluer les possibilités de hausse de la valeur des propriétés ou du taux de taxation. Il arrive que les élus municipaux décident d'abaisser le taux de taxation au moment d'ajuster à la hausse la valeur des propriétés. Ce fut le cas à la Ville de Granby. Ainsi, au cours de la période allant de 1993 à 2005, le taux de taxation des propriétaires Granbérois est passé de 1,35 $ à 0,80 $ par tranche de 100 $ d'évaluation[8]. Malheureusement, les politiciens ne respectent pas tous leur parole lorsqu'il est question d'abaisser les impôts...

Comme pour d'autres professions, certains conseillers municipaux sont très professionnels. Dans le cas où vous « tomberiez » sur un conseiller réticent, ne vous laissez pas impressionner, insistez un peu pour qu'il fasse son travail. Il est payé pour vous renseigner.

Votre municipalité est au bout du fil ou de votre souris d'ordinateur. Cherchez à vérifier l'existence de programmes de subvention à la rénovation. Ceux-ci ont pour but, le plus souvent, d'uniformiser l'aspect esthétique du secteur et d'améliorer la qualité des logements résidentiels. Les particularités de ces programmes varient en fonction des municipalités et de leur budget. Ils concernent souvent des types de propriétés particuliers (patrimoniales, besoin d'amélioration de l'efficacité énergétique, etc.) ou des secteurs bien délimités (vieux quartiers, artères commerciales ou principales, etc.).

Il est donc important de vérifier que de tels programmes existent et qu'une partie des fonds alloués au budget initial demeure disponible. Prenez note des conditions d'admissibilité, des formalités à respecter, ainsi que des contrôles ultérieurs, s'il y a lieu. Certaines subventions s'obtiennent facilement et

---

8. DUBUC, André. « Granby haussera ses taxes de 31 % avec le nouveau rôle », Journal *Les Affaires*, 30 septembre 2006, p. 17.

demeurent assez flexibles alors que d'autres sont plutôt restrictives. Par exemple, j'ai obtenu une subvention de 2 500 $ de la municipalité de Bécancour en 2006 pour la réfection de la toiture du presbytère. J'ai finalement refusé, car les estimations reçues pour se conformer aux restrictions du programme se chiffraient entre 16 000 et 20 000 $ alors que je peux le faire moi-même (avec un « party toiture ») pour environ 8 000 $.

L'environnement

L'environnement, ce n'est pas que le protocole de Kyoto! Il s'agit d'un élément qui, pour chaque secteur, prend de plus en plus d'importance. Personne ne veut vivre à côté d'un dépotoir et encore moins dessus! D'ailleurs, les tests de sol, effectués par des géologues accrédités, sont fréquemment exigés par les institutions financières et seront très bientôt à mon avis une nouvelle norme incontournable (voir section « Les frais connexes », à la page 58).

Porter attention à l'environnement immédiat de l'immeuble signifie prendre conscience de ce qu'on y voit, des odeurs et des bruits. Procédez avec la même diligence que pour la visite de l'immeuble lui-même. Prenez soin de procéder à quelques vérifications que vous ferez à différents moments de la semaine et du week-end. Plusieurs enquêtes (qui ont abouti dans certains cas à des amendes) ont démontré que certaines entreprises profitent de la nuit pour rejeter des substances toxiques dans l'environnement, ce qui alerte moins l'opinion publique qu'en plein jour. Les conséquences négatives sur les secteurs demeurent toutefois les mêmes.

Les voisins immédiats, les gens qui habitent le quartier, le propriétaire du dépanneur du coin et le conseiller municipal du quartier sont d'excellentes sources de renseignements. N'hésitez pas à leur demander leur avis ou s'ils ont eu connaissance d'un problème par le passé... ou actuellement! C'est une

belle façon de contre-vérifier ce que le vendeur et l'agent immobilier ont pu vous dire. Les gens sont flattés de la confiance que
vous leur portez en leur demandant leur opinion. C'est un signe
de considération.

Personnellement, j'aime demander à ces gens ce qu'ils aiment
le plus du secteur et ce qu'ils seraient heureux de changer. Ma
question ultime : si vous pouviez changer une seule chose de
votre quartier, ce serait quoi? Posez des questions, beaucoup
de questions. Formulez-les de façon ouverte afin d'éviter les
simples oui ou non. Écoutez! N'ouvrez la bouche que pour
poser une autre question ou pour remercier ces gens de leur
temps et de leur gentillesse! Bon succès, Colombo!

Derniers conseils :

- laissez votre numéro de téléphone aux gens à qui vous
  parlez et invitez-les à vous contacter s'ils apprenaient
  autre chose (ou se souvenaient de quelque chose) au
  sujet de l'immeuble ou du secteur;

- ne négligez aucune source d'information. Je parle autant
  avec les enfants au parc qu'avec les personnes âgées
  assises sur leur galerie ou sur un banc public. Les premiers vous diront sans détour ce qu'ils pensent alors
  que les secondes ont tout leur temps et vivent dans le
  quartier depuis parfois des décennies;

- soyez discret, voire évasif ou mieux, amnésique afin de
  protéger « vos sources » lorsque vient le temps d'utiliser
  l'information reçue. En clair : ne dites pas qui vous a dit
  ce que vous savez;

- vous découvrez que l'environnement est contaminé.
  Profitez de votre qualité d'acheteur pour aller acheter
  ailleurs! Un environnement contaminé tue… toutes
  possibilités d'une bonne occasion d'affaire.

Demeurez à l'affût

La recherche de la perle rare pouvant durer parfois quelques mois, stress et fatigue aidant, notre perception devient plus sélective. Malgré tout, gardez l'œil ouvert sur les alentours. Le coup de foudre pour ce magnifique triplex qui a tout pour plaire (du moins selon vos critères) ne doit pas vous rendre sourd, aveugle et affligé d'une obstruction nasale. Gardez les pieds sur terre. De cette façon, du haut de votre belle objectivité, vous pourrez constater *de visu* tout ce qui se trouve autour de ce plex et qui vous trouble. Que voyez vous? Qu'entendez-vous? Que vous dit votre nez?

Y a-t-il à proximité un immeuble aux ouvertures placardées? Une usine avec d'immenses cheminées? Non, ce n'est pas une horloge solaire! Des pylônes? Un garage « de fond de cour » entouré de carcasses de voitures démontées? Peut-être y a-t-il un magnifique parc? Ne soyez pas trop élastique avec votre tendance à dédramatiser car, comme le supplice de la goutte, jour après jour après jour, un matin vous en aurez peut-être marre de ce collectionneur d'ordures qui se dit artiste!

Aux désagréments d'un environnement aux antipodes du paradis terrestre, s'ajoutent au moment de la revente des difficultés à trouver un acheteur en plus du risque d'essuyer une perte financière à la suite d'une dévaluation du secteur... qui regarde mal. On vous dira peut-être par exemple, pour justifier les électroménagers jaunes (qui étaient peut être blancs à une certaine époque) échoués sur le balcon défraîchi de l'autre côté de la rue, et ce, le plus sérieusement du monde, que tout cela est *nouveau* et *temporaire*. Rien ne vous oblige à croire pareilles balivernes.

Cela dit, il peut tout de même s'agir d'un bon achat. Mais attention! Vous devez vous en assurer en prenant le temps de vous informer auprès de la municipalité afin de savoir si vous devrez supporter longtemps cet environnement qui vous rappelle certains films dont l'histoire se déroule... après un conflit nucléaire! Si un pylône ne peut se déplacer, les fils électriques, eux, peuvent éventuellement se retrouver sous terre. Le seront-ils? À quel moment? Le conseiller municipal pourra peut-être vous le dire...

Sachez aussi que bien des municipalités, en matière d'environnement, ont des règlements assez stricts. Par exemple, à Lorraine, au nord de Montréal, il est interdit d'installer une corde à linge ou un abri d'auto de type « Tempo ». Vérifiez bien la réglementation municipale. Imaginez le drame si vous ne pouviez réaliser votre rêve de planter des fleurs en plastique dans vos anciens pneus quatre-saisons peints en blanc?

Humez l'air!

Certains secteurs (et leurs résidants) souffrent des émanations produites par les axes routiers à proximité, par certaines usines ou par de grandes fermes (qui sont en réalité également des usines...). En plus de représenter un aspect négatif évident pour le secteur, ces odeurs nauséabondes sont souvent nocives pour la santé. Il est difficile de récupérer l'argent investi dans la rénovation d'un logement lorsque, pour le faire visiter, un mouchoir sur la bouche est nécessaire! Ça me fait penser à un reportage réalisé en 2005 qui traitait des plaintes portées par les gens du voisinage en raison d'odeurs qui émanaient d'un dépotoir. Ce dernier avait été agrandi jusqu'aux limites d'un quartier résidentiel. Inutile de vous dire que les résidants étaient nombreux à désirer vendre à d'éventuels acheteurs qui se faisaient rares...

Il se peut que ces odeurs ne soient produites qu'à certains moments de la semaine ou de l'année. C'est le cas de l'épandage du lisier de porc, par exemple, plus fréquent au printemps et à l'automne. Du côté de Trois-Rivières, les effluves des usines de pâte et papier sont plus perceptibles les jours humides ou de grand vent. Il est évidemment important de vérifier tout cela auprès des gens qui vivent dans le secteur.

Écoutez!

La proximité des voies de transport est un facteur qui ajoute à la valeur d'un plex. Par contre, proximité ne veut pas dire que la bretelle de l'autoroute doive passer entre le patio et le cabanon... Dans ce cas, il se peut que ce soit assez bruyant... Attention aussi aux voies ferrées encore en fonction (non encore converties en piste cyclable) ou aux aéroports, réputés également pour leurs forts décibels. Vérifiez également que la rue où se trouve votre futur plex ne soit en réalité le raccourci préféré de tous ceux qui veulent éviter un feu de circulation ou un arrêt.

Vous avez peur de descendre de votre voiture tellement la circulation est dense et rapide? Il s'agit d'un bon indice que ce ne sera pas le chant des grenouilles qui vous causera de l'insomnie!

Le bruit généré par la circulation sera aussi plus important si la rue où vous comptez acquérir votre plex fait partie d'un itiné-raire d'autobus. Je suis à 100 % pour le transport en commun, mais un véhicule de la taille d'un autobus qui redémarre fait nécessairement du bruit. À quand les autobus électriques... silencieux?

Y a-t-il des bars à proximité? Une réponse affirmative revient à programmer votre réveille-matin sur... 3 heures! Le père d'un de mes amis avait acheté un duplex, il y a quelques années, juste devant un bar. Il avait installé son commerce au rez-de-chaussée (une boutique de fleurs) et habitait le deuxième. Du jeudi au dimanche soir, immanquablement, le bruit provenant de la terrasse exacerbait son humeur, qui devenait de plus en plus mauvaise et qui grandissait au rythme des valises qu'il portait tout l'été sous les yeux!

Chapitre 7

QUEL TYPE DE PLEX CHOISIR?

Vous avez établi votre budget (grille de revenus et dépenses), évalué votre situation financière (bilan), fait le ménage de vos finances (calepin), obtenu une hypothèque préapprouvée et choisi un secteur qui vous convient. Bravo! Il vous reste encore quelques décisions à prendre, entre autres, quel type de plex choisir?

En plus du nombre d'unités, trois autres choix s'offrent à vous : le plex existant, la construction neuve et le plex préfabriqué en usine. Vous devez retenir cependant que le plex parfait n'existe pas! Je suspecte ceux qui pensent le contraire de s'inventer une belle raison de ne jamais trouver... et ainsi de demeurer locataire! La perfection n'est pas de ce monde.

La dernière partie de ce chapitre traitera de l'importance d'établir vos critères d'ordre personnel et de vous poser un certain nombre de questions. L'objectif est de vous aider à évaluer vos besoins pour ensuite réaliser le meilleur choix possible. Le bon *match* proprio-plex. Aucun doute, votre rêve est en train de se matérialiser.

Le plex existant

Des trois options (existant, neuf et préfabriqué), je vous recommande le plex existant. Celui-ci est plus simple à acheter puisqu'il... existe! C'est rapide. Vous trouvez l'immeuble. Celui-ci fait l'affaire. Vous l'achetez. Le financement sera également plus simple. Pour le banquier, le plex existant signifie : immédiatement saisissable. Cela représente la meilleure des garanties. Autre avantage : le plex existant est habituellement plus profitable du fait que le prix payé est facilement de 20 % inférieur à l'immeuble neuf. Le faible taux d'inoccupation réduit de façon considérable l'écart de prix entre les logements existants et les neufs. La possibilité de faire du profit est donc plus grande.

L'écart de prix entre le neuf et l'existant s'explique par l'addition de quatre facteurs :

- la rareté de la main-d'œuvre dans le secteur de la construction au Québec, fortement réglementé et contingenté par la Commission de la construction du Québec (CCQ). Ce fait crée une pression artificielle à la hausse sur les salaires;

- l'augmentation du coût des matériaux, et ce, en raison du conflit sur le bois d'œuvre qui, malgré les ententes à rabais, demeure larvé et de l'augmentation du prix du pétrole qui entre dans la fabrication de 26 % des matériaux de construction[9];

- la force du marché immobilier de 2000 à 2006 a propulsé à la hausse le prix des terrains (augmentation de 50 % à 100 % selon les régions du Québec);

- l'entrepreneur en construction qui a bâti un plex, en vous le vendant, souhaite réaliser un profit légitime (parfois plus) en contrepartie du risque qu'il a assumé. L'achat d'un plex existant offre donc à l'acheteur la

---

9. Le retour, à la fin de l'année 2008, du prix du baril de pétrole brut aux environs de ce qu'il était en 2004 ne s'est pas reflété dans le coût des matériaux de construction, qui eux, ont poursuivi leur ascension.

possibilité d'éviter un intermédiaire. D'ailleurs, selon l'Association provinciale des constructeurs d'habitations du Québec (APCHQ), plus de six logements sur dix (61,2 %) avaient 30 ans ou plus en 2005[10].

En contrepartie de ses avantages, le plex existant, en raison de son âge, exigera bien sûr plus d'entretien, possiblement certaines rénovations. À ce sujet, le recensement de 2001 estime qu'environ 65 % des propriétés n'avaient besoin que d'un entretien régulier, alors que plus de 8 % nécessitaient des travaux de rénovation. Je crois cependant que cet inconvénient est largement compensé par les aspects positifs que nous venons de souligner.

Le rapport d'un inspecteur accrédité devrait vous fournir un point de vue professionnel sur les cinq points vitaux suivants : structure et fondations, ouvertures, toiture, plomberie et système électrique. Ces éléments ont une durée de vie moyenne de 20 ans (sauf pour les fondations qui, en principe, durent la vie de l'immeuble) et sont plutôt coûteux à remplacer. Voilà pourquoi je préfère acheter un immeuble de 22 ans dont les éléments ont été remis à neuf, qui commence donc un nouveau cycle de 20 ans, plutôt qu'un autre plus « jeune » qui compte, par exemple, 16 ans depuis sa construction et qui exigera des travaux majeurs d'ici quelques années.

Dernier conseil avant de passer aux constructions neuves : ne faites pas l'erreur de lever le nez sur une propriété « imparfaite » pour cause de « détaillite aiguë ». Dans les cas extrêmes, c'est comme si on vous offrait une mallette remplie d'argent et que votre réaction serait de dire : « Non, je ne prendrai pas cet argent parce que, vous voyez, la liasse juste-là, les billets semblent un peu froissés... » Ayez l'esprit ouvert! Cette qualité vous permettra de voir les possibilités.

---

10. « Les Québécois rénovent comme jamais » le Journal *Les Affaires*, 10 juin 2006.

Lors de conférences, je rencontre toujours une ou deux personnes (malheureusement parfois plus) qui me parlent de l'odeur de friture de l'appartement du deuxième étage de ce triplex, qui autrement, serait le leur aujourd'hui. Il peut s'agir tout de même d'un excellent investissement. Le gazon trop long n'est qu'un signe de négligence ou d'un proprio fatigué, c'est tout. Oubliez la perfection. Concentrez-vous sur l'essentiel : le secteur, le prix et la structure. Laissez tomber la couleur du tapis d'entrée ou la fenêtre de la cuisine qui n'est plus thermos. Voyez le verre à moitié plein et devenez proprio *illico*!

Une construction neuve

Je remarque que, dans notre société de consommation, la pensée dominante est « neuf ou rien! » Pour des souliers, je suis d'accord. Lorsqu'il s'agit d'acheter un plex, surtout pour une première transaction, choisir une construction neuve n'est pas nécessaire et entreprendre un chantier (ou sa supervision)... est à éviter! Devenir propriétaire est déjà une belle aventure en soi. Inutile de rendre l'expérience ardue en s'improvisant contremaître de chantier ou, pire, carrément entrepreneur général. Gardez ça simple... tout simplement!

La construction neuve que vous acquerrez coûtera plus cher pour les raisons mentionnées précédemment. Par exemple, prenons un quatre-logements neuf à 125 000 $ l'unité. L'immeuble coûtera donc un demi-million de dollars. Maintenant, si vous prenez 20 % de ce montant, vous constaterez que le « neuf » vous coûte 100 000 $ (500 000 $ x 20 %) en argent... neuf! Il me semble que c'est cher payé pour pouvoir dire que c'est neuf. De plus, vous devrez payer aussi pour les « compléments ». Retenez qu'une construction neuve n'est jamais livrée entièrement terminée. Vous devrez donc débourser, par exemple, pour le patio, la clôture ou le cabanon. Peut-être devrez-vous payer également pour faire asphalter l'entrée ou pour l'aménagement paysager. Chose certaine, une fois que vous y vivrez, vous constaterez qu'il manque un verrou à la porte menant au sous-sol ou quelques tablettes au-dessus de la laveuse, que le drain de l'évier n'a pas de « Y » avec un bouchon d'accès permettant de le débloquer, etc. Tous ces « petits ajouts », une fois additionnés, finissent par faire une rondelette somme que, personnellement, je préfère laisser payer par les propriétaires qui m'ont précédé.

Mais voilà, vous êtes fier de votre personne et tellement propre que vous ne pouvez accepter l'idée répugnante de vivre dans la « crasse » des autres. Il vous faut une construction neuve! Peut-être bien, sauf que :

- la majorité des gens se croient (et souvent sont) aussi propres que vous;

- si par malheur vous trouvez un plex où vivent des… disons un immeuble avec des logements où Cendrillon aurait du travail à faire, pas de panique. Réjouissez-vous, car cet immeuble bien construit, dans un secteur recherché, est une bonne occasion d'affaire! Achetez-le et vous pourrez constater que les autres acheteurs regretteront, une fois l'entreprise de nettoyage après sinistre passée, de ne pas avoir sauté sur l'occasion;

- si votre perfectionnisme vous fait opter pour une construction réalisée selon vos goûts, dites-vous que vous aurez besoin d'encore plus d'imagination pour la « voir » sur papier. Une fois matérialisée, vous devrez accepter tout de même certaines imperfections. On ne peut pas tout prévoir sur papier. De plus, sachez qu'une construction neuve n'est jamais, une fois complétée, exactement comme elle avait été dessinée. Quelqu'un avait résumé cette réalité en disant : « Si tu veux faire rire Dieu, fais des plans. » On a beau essayer de penser à tout avant la construction, une fois que l'on habite l'immeuble, on prend conscience alors des oublis : la porte de l'unité de rangement aurait, si elle avait été placée sur le mur de côté, permis le passage d'articles plus gros et plus aisément, ou encore la sortie de la sécheuse se retrouverait ailleurs que sous la table de patio. Ça peut changer le goût de vos mets favoris.

Il y a aussi souvent (pour ne pas dire toujours) une certaine part d'improvisation à l'intérieur des chantiers, et ce, malgré la rectitude des plans. D'ailleurs, à l'automne 2006, l'Association provinciale des constructeurs d'habitations du Québec (APCHQ) a produit un « manuel de tolérance » afin de mieux définir, baliser et encadrer les règles de l'art de l'industrie de la construction. Le souhait exprimé est de tendre vers une certaine uniformisation des pratiques des différents corps de métiers de la construction.

Dernière chose : le financement d'un immeuble qui reste à construire est plus difficile. La seule garantie pour l'institution financière est alors le terrain. J'ai fait l'expérience de demander du financement à un banquier médusé de me voir arriver dans son bureau avec un immeuble sous le bras…, je veux dire roulé sur du papier bleu destiné à dessiner des plans. De plus, le banquier aura du mal à imaginer vos futurs revenus de location… Malheureusement, il n'est pas le seul dans cette situation, la majorité des locataires aussi. Voilà pourquoi louer un logement qui n'existe que sur papier demeure une mission délicate.

Malgré tout, pour vous, c'est neuf ou rien. D'accord. Dans ce cas, depuis 1999, différentes garanties s'offrent à vous, dont la garantie des maisons neuves de l'APCHQ ou la Garantie Qualité-Habitation auxquelles s'ajoutent les protections Garantie Rénovation ou la Garantie Réno-Pyrite. J'ajouterai aussi qu'en 2007, les estimations de mises en chantier étaient de 35 000 à 40 000 unités, ce qui représente approximativement le nombre de nouveaux ménages formés annuellement. Ces chiffres sont très inférieurs au sommet atteint en 2004 avec plus de 58 000 unités[11].

---

11. Journal *Les Affaires*, 6 mai 2006, p. 1.

Le plex préfabriqué

Certaines entreprises québécoises sont passées maîtres dans la construction préfabriquée en tous genres, maisons, écoles et hôpitaux inclus. Le plex construit en usine sera ensuite transporté par modules ou par sections de charpente sur le site de construction, puis assemblé sur place à l'aide d'une grue. Nous sommes bien loin des préjugés qui associaient trop aisément les maisons préfabriquées à des « boîtes à beurre ». En 2009, cette conception ne résiste plus à la réalité. D'ailleurs, selon l'Institut canadien de l'habitation, les ventes, dans ce secteur, auraient augmenté de 65 % en cinq ans, soit de 1999 à 2004.

Pour un premier investissement, mon conseil demeure toutefois d'acquérir un plex existant. Par contre, si vous tenez absolument à posséder un immeuble neuf, particulièrement si vous désirez qu'il soit bâti selon vos critères, je vous propose alors de retenir le plex préfabriqué comme possibilité. De cette façon, vous bénéficierez d'une construction réalisée à l'intérieur, dans des conditions contrôlées et avec des matériaux secs. Ce dernier point n'est pas à négliger. J'ai souvent vu les joints de gypse de construction traditionnelle se fissurer dans les mois suivants la fin des travaux parce que les madriers, en séchant, se tournaient comme des contorsionnistes de cirque. De plus, vous limiterez les risques de contamination par moisissures.

Il peut y avoir des délais dans la réalisation d'un plex préfabriqué. Le terrain doit être prêt à recevoir la construction (excavation, fondations, solage, drains, etc.). La finition intérieure (joints, peinture, recouvrements de planchers, etc.) ainsi que les raccordements électriques et de plomberie peuvent également occasionner certains délais imprévus. Il peut arriver que les constructeurs acceptent plus de commandes qu'ils ne peuvent humainement en réaliser à l'intérieur du calendrier convenu.

Ceci étant dit, j'ai remarqué, avec une grande satisfaction, que ces constructeurs, qui possèdent un siège social, une usine, un entrepôt, quelques constructions en démonstration ainsi qu'un grand terrain servant de stationnement et d'espace de remisage, bref, d'investissements importants, avaient tendance à tenir parole.

Les questions à se poser avant d'acheter

Il faut se poser un certain nombre de questions complémentaires avant d'entreprendre les recherches... car on trouve toujours plus facilement lorsque l'on sait ce que l'on cherche. Si vous possédiez une lampe magique et qu'un génie soit à votre service, que lui demanderiez-vous précisément?

Par exemple, en plus des notions abordées précédemment en ce qui a trait au secteur (proximité de l'immeuble de votre domicile ou de votre lieu de travail, services offerts, etc.), vous devrez également vous poser les trois questions suivantes.

Question 1 : Quel rendement obtenir? Le rendement est ce que certains appellent le retour sur investissement. Dans le cas d'un placement, par exemple un certificat de placement garanti, le rendement sera l'intérêt reçu par son détenteur. Afin de mesurer votre rendement en immobilier, vous devez additionner l'ensemble des montants que vous déboursez (votre mise de fonds et les montants versés en frais connexes). Je vous suggère un rendement minimal de 15 %. Si vous obtenez un rendement inférieur à 15 % et que les loyers sont au prix du marché (les revenus de certains immeubles peuvent être augmentés), cela indique alors que le prix demandé par le vendeur est trop élevé.

Par exemple, vous payez un triplex 300 000 $ qui rapporte 3 600 $ / mois (3 x 1 200 $), soit 43 200 $ (12 x 3 600 $) par année. Votre mise de fonds est de 45 000 $ (15 % x 300 000 $) et les frais connexes, disons de 15 000 $ (5 % x 300 000 $). Votre investisse-

ment total est donc de 60 000 $ (45 000 $ + 15 000 $). Un rende-
ment de 15 % minimum serait ici de 9 000 $ (15 % x 60 000 $).
Dans ce cas-ci, cela voudrait dire que vous utilisez les revenus
de location (43 200 $) pour payer l'ensemble des dépenses
(charges) de l'immeuble, incluant les paiements hypothécaires,
et qu'il vous reste au moins 9 000 $ à la fin de l'année dans votre
compte « immeuble ». Vous devriez, pour obtenir un rendement
de 15 % sur votre investissement, gérer l'immeuble avec un
budget annuel maximum de 34 200 $ (43 200 $ de revenus −
9 000 $ de rendement visé). Il faut préciser trois choses :

- je n'inclus jamais dans le calcul de la rentabilité la portion du remboursement en capital effectué à chaque versement hypothécaire. C'est un enrichissement, oui, mais
  personnellement, je considère cela comme un bonus. Il
  s'agit de l'argent que vous ne récupérerez avec bonheur
  qu'au moment de revendre ou de refinancer l'immeuble;

- si dans vos calculs vous n'obtenez pas un rendement de
  15 % minimum, soit vous avez payé trop cher à l'achat,
  soit le prix des loyers est trop bas (ce qui est plutôt
  rare), soit votre mise de fonds est trop élevée, ce qui
  augmente le montant des revenus nets annuels que
  l'immeuble doit générer pour arriver à vous offrir un
  bon rendement. Dans ce dernier cas, il vous faut envisager un financement plus créatif afin de diminuer votre
  implication financière personnelle.

- il est également possible que le secteur visé soit sur-
  évalué ou que le type d'immeuble retenu soit en forte
  demande. Vous pouvez alors étendre le champ de vos
  recherches afin d'élargir votre secteur et d'inclure un
  autre type d'immeuble. Vous pourrez également revoir
  vos méthodes de recherche afin de vous assurer
  qu'elles sont proactives et efficientes (voir « Les méthodes de recherche efficaces », à la p. 105).

Dans l'exemple que nous venons de voir, disons que les revenus de loyers sont déjà au prix du marché. Ils ne peuvent être augmentés. Par contre, supposons que vous ne versiez que 5 % en guise de mise de fonds (voir la section « Les neufs façons créatives de trouver le financement », à la page 166). Votre investissement (mise de fonds de 5 % + frais connexes de 5 %) serait alors de 30 000 $ au lieu de 60 000 $ (10 % x 300 000 $). Votre investissement étant réduit de moitié, le revenu net annuel nécessaire pour obtenir un rendement minimum de 15 % l'est également, soit 4 500 $ (15 % x 30 000 $).

D'un autre côté, si vous décidiez plutôt de jouer sur le prix payé et obteniez le même immeuble pour 240 000 $ (au lieu de 300 000 $), l'investissement exigé (mise de fonds de 15 % + frais connexes de 5 %) pour acheter cet immeuble serait de 48 000 $ (20 % x 240 000 $). Ainsi, pour obtenir un rendement de 15 %, vous devriez cette fois obtenir un revenu net annuel de 7 200 $ (15 % x 48 000 $). Voilà pourquoi après avoir vérifié le réalisme des revenus (qui sont parfois gonflés sur la fiche technique – il faut vérifier les baux), vous devez trouver un financement qui exige un minimum de mise de fonds et négocier au maximum le prix de vente.

Question 2 : Avez-vous la patience de composer avec les locataires... surtout s'ils sont également vos voisins... ou, pire, vos amis? Un locataire, contrairement à ce que certains en disent (ceux qui n'ont pas eu la patience ou le flair de réussir en immobilier), n'est pas un problème, mais un client. Un client captif en plus parce que vous avez signé un contrat d'un an ou deux avec lui : un bail. Maintenant, vous devrez faire montre d'un minimum de diplomatie dans vos relations avec eux.

Par exemple, j'ai déjà pris le message d'une locataire complètement paniquée. Le ton et le débit qu'elle employait pour me dire que la toilette avait une fuite d'eau, auraient été les mêmes pour m'annoncer qu'il y avait un grizzly dans son salon! La panique totale! Quand je suis arrivé au logement, en l'absence de la locataire, j'ai cherché le problème... et ne l'ai pas trouvé. Derrière la toilette, il n'y avait même pas de quoi étancher la soif d'un hamster accro de sa roulette. Un peu de condensation autour de la cuvette, résultat d'un écart de température entre la chaleur ambiante de la pièce et l'eau froide contenue dans le réservoir. J'ai déplacé intentionnellement quelques babioles et laissé une note indiquant mon passage. Fin de l'histoire. Je n'en ai plus entendu parler. Aurez-vous les nerfs suffisamment solides pour ne pas paniquer vous-même à chaque appel?

J'ai aussi carrément cohabité avec deux de mes amis dans mon appartement, au sous-sol de ma première maison. Je me souviens d'une fois où j'avais demandé banalement à un de mes chums-colocs-locataires et confrère-étudiant de bien vouloir ramasser ses graines de *toasts*. Résultat : selon lui, j'abusais de mon pouvoir parce que j'étais le propriétaire et que... Voilà un exemple extrême d'un *melting pot* relationnel. À l'autre bout du continuum, si vous êtes simplement un investisseur et habitez ailleurs que dans votre immeuble, les choses seront passablement plus simples.

Un conseil pour ceux qui habiteront leur investissement : soyez des amis réservés. J'ai habité cinq ans un de mes immeubles, un triplex, sans jamais inviter un de mes locataires à prendre une bière et encore moins à venir souper chez moi. Par contre, on se parlait quelques minutes presque chaque fois que l'on se croisait. Cependant, je me suis fait déranger quelques fois au cours de cette période car, par manque d'expérience à l'époque, je n'avais pas précisé dès le départ (à la signature du bail) que je préférais entendre la sonnerie de mon téléphone plutôt que celle de la porte... À vous de voir...

Question 3 : Combien d'unités de logement devriez-vous acheter? Réponse facile : le plus possible! Pour plusieurs raisons, que voici.

Souvent, les gens me demandent s'ils devraient acheter un duplex ou un triplex. Je leur dis alors : un triplex, bien sûr! Pourquoi? Tant qu'à investir, autant avoir trois logements plutôt que deux. Ça semble simpliste mais avec un duplex, le propriétaire-occupant est à 50 % investisseur, alors qu'avec un triplex, il est investisseur aux deux tiers, à 66,6 %. La différence entre un duplex et un triplex représente plus que le rendement de 15 % que vous prévoyez obtenir. Ce n'est pas rien, 16,6 % de plus à titre d'investisseur. Et pourquoi ne pas être investisseur à 83,3 % avec un six logements… et propriétaire occupant dans ce cas à seulement 16,7 %?

Même les spécialistes en valeurs mobilières, notamment le directeur de la caisse de retraite de l'Université de Yale, M. David Swenson, recommandent l'achat de titres immobiliers, et ce, pour un minimum de 20 % du portefeuille[12]! Alors, si votre objectif est de devenir un investisseur immobilier, pourquoi ne réaliser votre rêve qu'à moitié en achetant un duplex? Investisseur au maximum et propriétaire-occupant le moins possible!

À titre de propriétaire-occupant, plus vous aurez de locataires dans votre immeuble, plus vous aurez de revenus de location et plus facile sera l'obtention du financement. L'institution financière est logique et se dit que plus le versement que vous devez lui faire chaque mois (idéalement chaque semaine, vous rembourserez plus rapidement votre hypothèque sans plus d'efforts) est « réparti » entre un grand nombre de gens (vos locataires et vous), plus la portion à combler est minime si quelqu'un ne paie pas ou si une unité demeure vacante.

---

12. BOURGET, Yves. « Pourquoi investir dans l'immobilier », *La Presse*, 16 octobre 2005.

En tant que propriétaire-occupant d'un duplex, vous n'avez qu'un seul locataire. Puisque vous faites un compromis en reportant l'achat de votre résidence privée pour acheter un plex, visez au moins trois logements.

Peut-être qu'un duplex vous fait moins peur parce que c'est « moins gros ». En réalité, vous avez plus de chances d'avoir des problèmes avec votre seul et unique locataire qui est aussi la seule et unique source de revenus de votre immeuble. En tant qu'ex-banquier, je peux vous assurer que de tous ceux qui font faillite, et ils sont légion, ceux dont le dossier indique un passif de six millions de dollars inspirent tout de même un certain respect, alors que ceux qui « plongent » pour ne pas avoir eu les reins assez solides pour finir de payer leur piscine hors terre...

Les critères personnels dans le choix du type de plex

Pour l'investisseur « pur », cette courte section est inutile... quoiqu'il y a quelques années, à la suite de certains aléas de la vie, j'ai décidé de vendre ma maison et de retourner vivre *temporairement* dans un de mes immeubles. On ne sait jamais! Quant au propriétaire-occupant, même si l'achat d'un plex n'est souvent qu'un tremplin vers l'acquisition d'une maison dans un avenir rapproché, il peut tout de même se donner un minimum de confort en attendant.

Vous apprécierez davantage votre investissement si vous y trouvez aussi une certaine qualité de vie. Prenez un instant et évaluez vos besoins et ceux de votre famille, actuellement et pour les cinq prochaines années. Mettez les chances de votre côté afin de vivre une expérience heureuse. Les erreurs commises sur papier coûtent moins cher, et surtout, cette réflexion pourrait vous éviter de devenir un vendeur « chus pu capable »!

Les services et infrastructures à proximité. Vous devez garder en tête que même si les services à proximité de votre plex ne vous sont pas nécessaires, ils le seront peut-être pour vos locataires. Si vous désirez occuper un logement de votre plex, vous devez alors préciser pour vous-même ce dont vous avez besoin en matière de services à proximité. Une école primaire pour votre plus jeune? Un établissement d'enseignement secondaire pour vos trois ados ou de niveau supérieur pour faciliter votre retour aux études? Un hôpital pour vos ennuis de santé? Un parc pour votre passion de la lecture? Une épicerie, un club vidéo, une salle de quilles, une piscine intérieure? À vous de voir.

Le nombre de pièces nécessaires. Combien d'enfants avez-vous? Vous en avez deux et votre conjoint, un. Dans ce cas, le « 3 1/2 libre pour le propriétaire » sera légèrement... étroit! Évidemment, le nombre d'enfants (nés ou à venir...) crée une pression à la hausse sur le nombre de chambres nécessaires. Rappelez-vous, l'horizon visé est de cinq ans. Vous envisagez d'aménager un bureau dans votre nouveau chez-vous? Que vous soyez travailleur autonome à temps plein ou pleinement à temps partiel, que votre intuition ou votre patron vous suggère de travailler à partir de votre résidence, bref, aurez-vous besoin d'une pièce supplémentaire consacrée à vos activités professionnelles?

Les « plus » du plex (accessoires, inclusions dans la vente, etc.). Un triplex avec une piscine, ça existe, mais peut-être qu'un spa (qui pourra vous suivre plus simplement lors d'un éventuel déménagement) vous conviendrait mieux. Et que dire du garage pour le rangement de votre moto? Êtes-vous un inconditionnel du barbecue? Vous aurez besoin d'un patio ou de l'espace pour en construire un... Au minimum d'un balcon! Demandez-vous si ces « plus » sont vraiment nécessaires pour répondre à vos besoins actuels. Projetez-vous dans l'avenir afin de mieux envisager ce qui pourrait devenir indispensable... au cours des cinq prochaines années!

Par exemple, vos jumeaux peuvent-ils dormir encore dans la même chambre quelques années? Pour votre bureau, de quel espace avez-vous réellement besoin pour installer le mobilier d'érable massif hérité de votre arrière-grand-père, votre ordinateur, vos deux imprimantes, vos quatre classeurs et votre jungle de plantes bouturées avec amour depuis votre première année de baccalauréat? Une fenêtre sera-t-elle une bénédiction pour votre claustrophobie ou, au contraire, une source perpétuelle de distraction improductive?

Voilà le genre de questions auxquelles vous devez être en mesure de répondre avant de commencer vos recherches. Vous avez jusqu'ici évalué votre capacité financière et défini vos besoins; le temps est venu de commencer vos recherches! Je vous propose donc de vous enrichir au prochain chapitre. Car, en effet, en immobilier, qui cherche (et agit lorsqu'il trouve) s'enrichit!

Chapitre 8

LA RECHERCHE :
UNE ÉTAPE PAYANTE

Voici une étape cruciale qui vous fera économiser énormément d'argent si elle est bien menée. C'est pourquoi j'ai cru bon d'y consacrer un chapitre entier. La logique veut que plus vous cherchez, et ce, en utilisant un maximum de moyens, plus vous trouverez d'immeubles. Vous aurez ainsi un grand nombre de dossiers en main et donc l'embarras du choix! Vous souhaitez gagner de l'argent en achetant? Alors il vous faut trouver un *deal*, un vrai! Ça existe. C'est la loi des nombres, la règle mathématique qui témoigne que le *deal* est l'exception qui confirme la règle, même dans un marché qui a bénéficié d'une forte croissance depuis l'an 2000... et qui vivra peut-être le ralentissement annoncé pour 2009! À vos marques, prêt, cherchez!

La définition d'un *deal*

Qu'est-ce qu'un *deal* exactement? Un *deal* (ou une bonne occasion d'affaire) est un immeuble vendu à un prix inférieur à sa valeur marchande. Dans ce cas, vous faites de l'argent... dès la signature de l'acte de vente!

Par exemple, vous trouvez, après quatre mois de recherches intensives (quelques heures par semaine), un mignon cinq-logements, bien situé et loué à 100 % en plus. Vous estimez (ce qu'un évaluateur agréé vous a professionnellement confirmé) que cet immeuble vaut facilement 600 000 $. Après négociation (voir chapitre suivant) vous signez avec le vendeur (qui, pour une raison ou une autre, est pressé de vendre) une offre d'achat à un prix de 520 000 $. Pour quatre mois de recherche, vous augmentez la valeur de votre actif de 600 000 $ et votre valeur nette de 80 000 $! Vous venez de gagner 20 000 $ par mois, l'équivalent de 240 000 $ par année! Qui a dit que faire de la recherche était une perte de temps?

Vous croyez que cet exemple est invraisemblable? Qu'il n'existe que dans mon esprit naïf? Effectivement, j'ai dû l'inventer, car les vrais exemples, vécus personnellement ou par d'autres investisseurs immobiliers sont trop *hot* pour me servir d'exemples… réalistes. D'ailleurs, je n'ai aucunement l'intention de m'échiner à convaincre les « Thomas » de ce monde que des immeubles se vendent tous les jours sous leur valeur marchande. Comme ça, il y aura plus de *deals* pour moi et tous les autres ayant compris le message.

En recherche, le nerf de la guerre est l'information. Pas d'information, pas de *deal*! Voilà pourquoi vous ne devez négliger aucune source pouvant vous mettre sur une piste. Utilisez tous les outils de recherche disponibles et, surtout, évitez de passer à côté d'un *deal* pour cause de « détaillite aiguë »!

Les trois qualités du très bon « chercheur »

Pour réussir, vous devez développer les trois qualités d'un bon chercheur :

> *Qualité n⁰ 1 : gardez l'esprit ouvert.* Vous pourrez ainsi voir les possibilités qu'offre chaque immeuble.

> *Qualité n⁰ 2 : soyez actif et même proactif.* Vous ne trouverez rien en restant confortablement assis dans votre salon en vous disant : « À partir de demain… » Prenez le téléphone. Allez voir des propriétés. Visitez les plus intéressantes.

Faites des offres d'achat remplies de conditions. Posez des questions aux propriétaires, aux agents immobiliers, aux voisins, aux locataires, comme si vous étiez un politicien en mal d'être réélu. Soyez à l'écoute. Le bon moment pour agir, c'est tout de suite, si ce n'est hier.

Qualité n° 3 : préparez-vous à l'avance. Faites le ménage de vos finances, évaluez votre capacité financière et vos besoins, etc.) pour que lorsque le *deal* se présentera, vous soyez prêt à acheter. Le soldat aguerri n'attend pas l'embuscade pour commencer à nettoyer son arme... Faites la même chose. Soyez prêt!

Les méthodes efficaces de recherche

Maintenant que votre motivation est à son comble, voici les méthodes efficaces pour dénicher les bons immeubles... et en devenir propriétaire!

Réseautez. Parlez de votre projet d'acquérir un plex. Faites comme lorsque vous cherchiez un emploi, dites-le :

- à *votre entourage* (famille, amis, collègues de travail) : partez toujours du principe que chacune des personnes à qui vous mentionnez votre intention d'acheter un immeuble connaît des gens que vous ne connaissez pas. Voilà une façon simple d'élargir votre cercle d'influence. Ne négligez personne en commettant l'erreur de croire qu'un tel ou une telle ne connaît pas de propriétaire de plex. De toute façon, il n'est pas nécessaire qu'une personne connaisse directement un vendeur, seulement quelqu'un d'autre, qui lui, pourra peut-être...;

- *aux gens qui habitent les secteurs retenus.* Promenez-vous. Allez au parc. Arrêtez-vous au café du coin ou au dépanneur. Parlez avec les gens. Ne tenez pas pour acquis qu'une rue sans pancarte à vendre signifie que pas un et même plusieurs propriétaires sont disposés à accepter votre offre. Vous avez réfléchi pendant combien de temps à la possibilité de devenir propriétaire d'un plex avant d'acheter ce livre et de passer à l'action? Dites-vous bien qu'il y a des propriétaires aussi, en train de réfléchir à la possibilité d'acheter une pancarte « À vendre ». Ce sont des propriétaires qui ne savent pas encore qu'ils sont vendeurs!

- *aux commerçants du quartier* (dépanneurs, fleuristes, garagistes, salons de beauté, etc.); ceux-ci pourront souvent vous indiquer, parmi leurs clients, celui susceptible d'être un propriétaire vendeur. Dites-leur : « Excusez-moi (politesse), je m'appelle Martin (présentation), j'aime votre quartier (compliment) et j'aimerais y acheter une propriété (votre but). Je cherche un immeuble de quelques logements (votre objectif). Un triplex ou un quatre-logements serait parfait (précision). Sauriez-vous où je pourrais trouver un immeuble à vendre dans votre quartier (votre demande)? Il ne reste plus qu'à attendre la réponse, à noter l'information et le plus important : agir!

- *aux huissiers de justice.* Ils représentent une autre belle source d'information. Bien sûr, vous n'obtiendrez pas la liste des propriétaires à qui ils ont livré une mise en demeure pour défaut de paiement. Par contre, vous réussirez peut-être, avec un peu d'imagination et beaucoup de tact, à leur soutirer quelques bribes d'informations qui pourront, par déduction, vous mettre sur une piste. Si vous avez un beau-frère huissier, ce sera plus simple. Chanceux!

- *aux institutions financières.* Celles-ci sont évidemment en première ligne pour vous informer de certains dossiers chauds. Leur professionnalisme leur interdit de vous laisser fouiller dans leur classeur de prêts hypothécaires en souffrance, mais leur objectif annuel les incite à limiter les pertes… À vous maintenant de tricoter entre les deux. J'ai déjà, avec un certain succès, fait parvenir à toutes les institutions financières des secteurs qui m'intéressaient une lettre leur indiquant mon ouverture pour l'acquisition d'immeubles qui, malheureusement, pourraient se retrouver en reprise de finances;

- *aux gestionnaires immobiliers.* Ce sont des administrateurs d'immeubles. Leur clientèle est composée de propriétaires d'immeubles et d'institutions financières et gouvernementales. J'aime beaucoup les gestionnaires immobiliers, pas tant parce que j'en ai été un pendant des années, mais plutôt parce qu'ils connaissent à la fois un tas de propriétaires et… leurs immeubles!

Dans le cadre de vos recherches, les gestionnaires immobiliers représentent une source d'information incontournable. Vous trouverez leurs coordonnées dans les pages jaunes. Vous pouvez vérifier également leur adhésion à l'Ordre des administrateurs agréés qui possède une section immobilière depuis 1983. Pour vous donner une idée de leur importance, selon Statistique Canada, en 2004, ce secteur d'activité a généré près de 600 millions de dollars. En 2009, il existe 728 inscriptions, pour le Québec seulement, sous la rubrique « immeuble gestion » sur le site Zip411.net. À mon avis, il doit y en avoir quelques-uns qui sont au courant de l'existence d'un ou deux *deals;*

- *aux agents immobiliers.* Voilà une formidable mine d'informations sur deux jambes! Leur rôle est important et les services qu'ils peuvent rendre sont nombreux et, je dirais, relativement méconnus.

La recherche documentaire

Tout en continuant de consulter les différents intervenants précités, vous augmenterez vos chances de trouver l'immeuble qu'il vous faut... au prix et aux conditions que vous aurez fixés, en mettant en pratique les moyens de recherche suivants :

La vente aux enchères et l'appel d'offres (enveloppe contenant l'offre). Ce sont deux types de ventes effectués sous le contrôle de la justice. Ces ventes résultent d'une demande faite par un créancier dont la dette demeure impayée. La mise à prix (qui représente également le montant à verser à l'achat) est fixée à seulement 25 % de la valeur de l'immeuble et le lieu où se déroulent ces ventes est rarement surpeuplé, ce qui limite souvent les enchères ou les offres. Vous vous présenterez à cette vente, bien sûr, avec un chèque certifié du montant de la mise à prix dans votre poche. La différence entre la mise à prix et le montant réel de la vente est payable dans les cinq jours suivants. Par exemple, la Loi sur la fiscalité municipale, dans le cas de défaut de paiement de taxes, permet de recourir à la vente sous contrôle de justice. Dans tous les cas, la Loi exige une publication dans les journaux, au moins 30 jours avant la date de la vente. Je dois avouer qu'après la nécrologie, cette section du journal remplie d'appels d'offres ainsi que d'avis de changements de noms n'est pas ce qu'il y a de plus excitant. Trouver un *deal*, par contre, ça l'est!

Les soldes de taxes foncières impayés. Ils représentent une autre source d'information permettant de repérer des propriétaires qui ont possiblement de bonnes raisons de vendre rapidement. Il est possible de trouver cette information d'ordre public en consultant les registres de votre municipalité. Certaines municipalités ont informatisé leurs dossiers et offrent même parfois les consultations gratuitement. Vous pourrez également faire ces recherches dans Internet en allant sur le site payant www.propnet.qc.ca.

Ce site est facile d'utilisation. Seule ombre au tableau : pour y accéder, vous devrez d'abord faire parvenir un chèque par la poste, après vous être enregistré sur leur site (adresse : C.P. 78550, Station Widerton, Montréal (Québec) HS3 2W9). Le processus initial est alourdi par leur refus d'accepter le paiement par carte de crédit. C'est le prix à payer pour faire affaire avec eux.

Les Bureau de la publicité et des droits (anciennement appelé le Bureau d'enregistrement) est une banque d'informations où sont répertoriées, depuis 1830, toutes les transactions immobilières au Québec, et ce, afin de protéger les droits de propriété. L'information disponible y est donc plus pointue. Vous pourrez, par exemple, obtenir l'adresse et la profession du propriétaire, sa date de naissance (donc son âge), la date d'achat et le prix payé.

En juillet 2002, toutes les transactions immobilières du Québec, de 1947 à aujourd'hui, ont été numérisées. Vous pouvez obtenir ces informations en visitant le site www.registrefoncier.gouv.qc.ca. Cette fois, les cartes de crédit sont acceptées et il en coûte 3 $ par demande lorsque consulté sur place ou 1 $ si vous réussissez (ce que je ne suis pas encore parvenu à faire) à consulter les registres à partir de votre ordinateur. La difficulté toutefois se situe au moment du téléchargement du logiciel donnant accès aux documents numérisés. Le système informatique est tellement complexe et surchargé que je préfère me rendre sur place et consulter les registres avec le poste de travail mis à la disposition du public.

Il est important de mentionner que le classement des données et, donc, la recherche doivent être faits en fonction des numéros de lots. Vous pourrez obtenir ces derniers à partir des adresses civiques des immeubles qui vous intéressent en consultant le site de PropNet ou encore en téléphonant à l'hôtel de ville de la municipalité concernée. Dernière chose, les transactions antérieures à 1947 ne sont disponibles que dans les registres papiers.

Avec ces informations en main, il ne vous reste plus qu'à prendre contact avec le propriétaire, à discuter avec lui, et pourquoi pas à lui faire une offre, disons à mi-chemin, entre ce que l'immeuble vaut aujourd'hui selon vous (et l'évaluation municipale) et ce qu'il a payé à l'époque? Si vous décidez de ne pas recourir aux services d'un agent immobilier, mentionnez ce que vous faites dans la vie pour éviter toute confusion. Malheureusement, plusieurs pro- priétaires craignent encore en 2009 les agents immobiliers comme les lépreux du temps de Jésus.

Autres recherches dans Internet. Très pratique et convi- vial, cet outil qui se passe de présentation est devenu un incontournable pour toute personne désirant acquérir un plex. En plus des utilisations déjà mentionnées, je vous recommande ce qui suit :

- *créez-vous une annonce virtuelle* indiquant que vous cherchez activement un plex en mentionnant, outre le fait que vous n'êtes pas un agent immobilier (j'indique toujours « particulier achèterait… ») vos principaux critères : secteur, prix, nombre de loge- ments recherchés, etc. Répondez idéalement le jour même aux courriels que vous recevrez;

- *visitez les principaux sites spécialisés* dans les annonces classées (www.lespacs.com, www.toile.com, etc.).

- *consultez, quotidiennement si possible, les « nouveau- tés » sur les sites des agences immobilières les plus importantes au Québec* (voir www.sia.ca). De plus en plus d'agents offrent le service d'envoi automatique par courriel des fiches techniques des nouvelles ins- criptions apparaissant au système inter-agence (SIA);

- *créez une « alerte Google ».* Il s'agit d'un fureteur qui recherchera pour vous les sites et forums dans Internet faisant mention du mot clé choisi, disons « immobilier ». Les liens vous seront envoyés automatiquement dans votre boîte de réception. Vous pourrez ainsi aller les consulter au moment de la journée qui vous convient.

Les canaux télévisés spécialisés en immobilier. En raison des coûts plus élevés de ce type de publicité, les vendeurs motivés ne s'y retrouvent pas. Pour ma part, comme je ne veux négliger aucun moyen de recherche, je le consulte quand même. On ne sait jamais! Par contre, voici un truc pour ne pas perdre de temps : j'enregistre et j'écoute par la suite l'enregistrement sur l'avance rapide. De cette façon, je fais le tour rapidement et, en bonus, si une propriété attire mon attention, je peux y revenir autant de fois que le cœur m'en dit.

Les revues immobilières. Il s'agit d'un moyen de recherche simple, facile, efficace. De plus, ces revues sont souvent offertes gratuitement dans des présentoirs placés dans les entrées d'institutions financières et autres lieux publics. L'information contenue (lorsque le prix est indiqué) de même que les photos permettent de s'en faire une idée assez rapidement. Cependant, les *deals* sont assez rares dans ces revues puisqu'ils se font habituellement sans ou avant la publication. Voilà pourquoi, en ce qui me concerne, ces revues sont davantage des outils pour me tenir au courant de ce qui est offert sur le marché immobilier. J'aime les conserver avec moi et utiliser les temps morts qui ponctuent parfois mes journées pour les feuilleter.

Les petites annonces. Lors des conférences immobilières, il y a toujours des participants qui s'avancent à la fin pour me dire : « Y'a rien sur le marché! » À tout coup, il s'agit d'accros aux petites annonces. Personnellement, je suis très curieux et je consulte religieusement les petites annonces, chaque samedi, et ce, dans deux ou trois quotidiens. Après vingt ans, je n'ai jamais acheté une propriété qui y était annoncée! Par contre, j'ai acheté à partir de cet outil... lorsque c'était moi l'annonceur! Je place donc une annonce indiquant que je suis un acheteur de *deals*! À vous de tirer vos propres conclusions. Pour ma part, ce moyen de recherche est trop classique et surutilisé, en raison de sa facilité déconcertante, ce qui en fait une méthode inefficace dans la recherche d'un *deal*.

La recherche proactive

Pour trouver, au-delà de ce qui précède, je vous dis une chose : il faut de l'action! Vous venez de remarquer que votre divan est modelé parfaitement à la forme de votre corps. Cela peut signifier deux choses : soit il est vieux, soit vous y passez trop de temps! Levez-vous, sortez et allez frapper aux portes. Trop gêné? Dans ce cas, achetez sans chercher le premier plex que l'on vous propose, payez le plein prix et à chaque remboursement, vous pourrez vous dire que votre timidité vous coûte vraiment cher. Pour ceux qui n'ont pas les moyens d'entretenir une grosse gêne, je vous propose de provoquer les choses des deux façons suivantes :

> ***Placez une annonce chez les commerçants du secteur.***
> Joignez l'utile à l'agréable. En leur demandant leur accord pour votre affichage, vous obtiendrez peut-être l'information de leur part. En prime, vous laisserez derrière vous une affiche sur laquelle on pourra lire, par exemple : « Jeune couple achèterait immeuble à revenus. Bon prix demandé en échange d'une transaction rapide. Acheteurs sérieux possédant de bonnes garanties ainsi qu'une hypothèque préapprouvée. Vous pouvez nous joindre facilement au 514 555-4505. Au plaisir de vous rencontrer, Paul et Pauline Poliquin ». Voilà une façon efficace de rentabiliser au

maximum vos efforts. Placez des annonces dans les commerces du secteur est une action qui provoquera assurément des réactions. D'ailleurs, vous ne recevrez probablement que quelques appels. Vous savez pourquoi? Parce qu'alors, seulement les vendeurs motivés (et peut-être un ou deux exaltés) vous joindront, ce qui est amplement suffisant pour trouver un *deal*! Vos efforts seront récompensés par une meilleure position de négociation. Pensez-y, c'est le vendeur qui vous appelle pour vous offrir son immeuble.

Baladez-vous dans le secteur. Idéalement, sillonnez les quartiers qui vous intéressent à vélo ou simplement à pied. De cette façon, vous ferez de l'exercice et économiserez de l'essence! Vous serez libre de jeter un coup d'œil autour de vous sans entraver la circulation. Prenez votre temps. Faites le tour de tous les tronçons de rue correspondant à vos critères. Empruntez les ruelles. Cherchez des immeubles qui :

- *montrent des signes de manque d'entretien* : pelouse clairsemée, négligée ou trop longue. En hiver, une entrée enneigée avec un « sentier » tapé à force de marcher dans les mêmes pas. Personnellement, je note toujours l'uniformité de l'immeuble. Les boîtes aux lettres sont-elles identiques ou retrouvez-vous une panoplie de modèles? Même chose pour les adresses et parfois aussi pour les ouvertures. Quoi de plus laid qu'un immeuble avec deux modèles de portes et trois types de fenêtres différents? Voilà des signes d'un manque de goût, mais le plus souvent, d'un désintérêt du propriétaire;

- *possèdent des logements vacants :* vous devez porter attention ici à la présence d'une affiche à louer. Il arrive parfois que l'immeuble en est littéralement placardé. Le plus souvent, cela laisse présager un propriétaire en état de panique avec des difficultés financières. Par contre, ceux que je préfère, ce sont les immeubles dont certains logements sont vacants et dont le propriétaire, plus motivé ou déconnecté, ne se donne même pas la peine de s'y rendre pour placer une affiche. Vous le verrez à ces signes : balcons vides, fenêtres dénudées, stationnement où vous pouvez mesurer la quantité de neige tombée depuis le début de l'hiver, etc.;

• *comptent certains locataires indésirables* : balcons remplis de détritus, fenêtres sans store ou, mieux, avec des draps en guise de rideaux. Cela indique souvent un locataire qui n'est pas nécessairement le genre à se priver de luxe pour payer son loyer. À condition que l'immeuble se trouve dans un bon secteur et que vous soyez prêt à investir pour améliorer à la fois l'immeuble et les logements, il peut s'agir d'un bon investissement… qui exigera un coup de barre, c'est-à-dire temps, argent et énergie pour redevenir un bon immeuble… bien loué. En rénovant, vous pourrez justifier une augmentation du prix des loyers et renverser la vapeur afin d'attirer une nouvelle clientèle locative prête à payer pour ces améliorations.

Dans tous les cas, ces propriétaires se trouvent dans le cercle vicieux suivant : il y a des logements vacants donc moins de revenus, ce qui les amène à limiter leurs investissements en entretien, ce qui rend l'immeuble moins attirant et donc plus difficile à louer, etc. Un propriétaire qui vit ce genre de situation pourrait apprécier que vous le sortiez de là avec une offre d'achat. Afin de compléter celle-ci et d'augmenter l'efficacité de vos recherches, vous pourriez recourir aux services d'un agent immobilier. Attention, pas n'importe lequel. Il vous en faut un excellent! C'est ce que le prochain chapitre vous apprendra.

Chapitre 9

FAIRE AFFAIRE AVEC UN AGENT IMMOBILIER OU PAS?

Cette question revient constamment chez les participants aux conférences et aux ateliers pour investisseurs immobiliers et avec raison. Comment savoir si un agent vous sera utile et de quelle façon? Comment faire la différence entre un agent ou un courtier qui agira en professionnel et un autre qui pourrait ne travailler qu'à son avantage, sans respecter les règles de déontologie de sa profession? Voilà autant de questions justifiées qui méritent qu'on s'y arrête.

Un agent immobilier, c'est...

Tout d'abord, un bon agent immobilier est un spécialiste des valeurs immobilières. Au Québec, en 2006, selon l'Association des courtiers et agents immobiliers du Québec (ACAIQ), 16 279 personnes exerçaient cette profession.[13] Selon la Chambre immobilière de Montréal (CIGM), la métropole compterait à elle seule plus de 9 000 agents immobiliers. D'après cet organisme, le nombre de transactions annuelles par agent serait de seulement 4,6. Il n'est pas étonnant alors de constater que seulement un agent sur quatre gagne un revenu brut de 75 000 $ ou plus. Considérant que 40 % des commissions servent à défrayer les

---

13. BERGERON, Maxime. « Aspirants châtelains, prudence » Cahier Affaires, *La Presse*, 18 novembre 2006, p. 2.

dépenses d'opérations courantes, on comprendra alors que la majorité des agents ne roulent pas sur l'or[14].

Pour sa part, le courtier est un agent qui, après un minimum de trois années de pratique, a suivi une formation supplémentaire en courtage immobilier et obtenu une attestation d'études collégiales d'une durée de 255 heures.

Un agent immobilier, utile ou non?

Alors, un bon agent peut-il vous être utile? Absolument! En effet, il peut :

- contribuer à vous tenir informé du marché;

- travailler à élargir vos recherches de propriétés;

- agir à titre d'intermédiaire dans les négociations;

- prendre le chapeau de médiateur si, en cours de route, ce qui est fréquent, les parties deviennent trop impliquées émotivement;

- remplir, d'un point de vue technique, l'offre d'achat et ainsi vous faire bénéficier d'une plus grande protection, du fait de son expérience et de son assurance professionnelle;

- proposer de vous présenter à son cercle d'affaires afin de dénicher les vrais professionnels dont vous aurez besoin, tels notaire, évaluateur, inspecteur, etc. Je sais que, sur ce dernier point, certains chroniqueurs immobiliers ne recommandent pas à l'acheteur de recourir

---

14. Cahier Carrières, *La Presse*, 12 août 2006, p. 6.

aux contacts de son agent. Il y a risque de collusion entre les parties. Je suis d'accord si votre agent n'est pas fiable. Dans ce cas, en plus de ne pas faire affaire avec ses contacts, vous devriez également éviter de faire affaire avec lui! J'applique le principe : « qui s'assemble se ressemble ».

Voilà pour la théorie polie. Dans les faits, ou si vous préférez dans la vraie vie, les choses sont souvent pas mal plus corsées. Il est vrai de dire, pour être juste, que dans toute profession, il y a des personnes moins compétentes ou aux méthodes douteuses. Cependant, dans le merveilleux monde des agents immobiliers, il y en a plusieurs. Les agents talentueux sont les premiers à le dire et à dénoncer, avec raison, les agents immobiliers qui causent du tort à la profession.

D'ailleurs, chaque fois que quelqu'un me prend pour un agent immobilier, je l'interprète toujours un peu comme une demi-insulte. Je suis vraiment désolé qu'il en soit ainsi, mais les exigences pour accéder à cette profession devraient à mon avis, subir une majoration importante. En toute logique, si une majorité de gens croit que l'achat d'une propriété est l'investissement le plus important qu'il feront de leur vie, ne serait-il pas justifié d'exiger des gens qui les aideront à réaliser cet « exploit » qu'ils aient une formation poussée?

Comment choisir un excellent agent immobilier?

Mon conseil, particulièrement pour une première transaction, est de travailler en équipe avec un agent, mais un excellent! Avant d'aller plus loin, je vous offre sur un plateau mes cinq critères de sélection, qui constituent mes incontournables lorsque vient le temps de choisir un agent immobilier hors pair.

Retenez les services d'un agent qui compte quelques années d'expérience. Le taux de roulement dans cette profession est phénoménal. D'ailleurs, selon certains directeurs d'établissement d'enseignement en immobilier, il ne resterait environ que 20 % des diplômés encore actifs après quelques années de pratique. Vous avez besoin d'aide et de conseils, ce que pourra difficilement vous donner un agent fraîchement diplômé, dont l'encre de ses cartes professionnelles n'a même pas eu le temps de sécher. Je comprends qu'il faut bien commencer quelque part, mais vous aussi vous en êtes à vos débuts en tant qu'investisseur. Vaut mieux éviter de vous retrouver avec une équipe composée entièrement de recrues!

Demandez à votre agent s'il a un autre emploi ou une autre entreprise en parallèle pour gagner sa vie. Assurez-vous qu'il exerce vraiment ce métier à temps plein. Je n'ai jamais rencontré un agent qui avait du succès en immobilier tout en étant agriculteur ou machiniste en même temps. Retenez les services de celui qui compte uniquement sur ses commissions pour vivre et qui vit bien, celui qui est suffisamment confiant en son professionnalisme pour se consacrer entièrement à sa passion. Cet agent en est un vrai et il vous sera grandement utile et dévoué.

Choisissez un agent qui connaît le marché des plex et le secteur que vous convoitez. Comment vérifier? Demandez-lui tout simplement quels sont ses mandats actuels pour ce secteur, combien il a réalisé de ventes dans ce même secteur au cours des douze derniers mois. Vérifiez ensuite de quels genres de propriétés il s'agissait.

Les connaissances qu'a votre agent du secteur où vous désirez investir sont primordiales. Il pourra vous donner le pouls du marché pour cette partie de la ville. Avec son aide et en utilisant les ratios vus précédemment, comme le multiplicateur de revenus bruts appliqué à l'évaluation municipale, vous pourrez ensemble estimer le prix moyen des propriétés du quartier.

Par exemple, un quadruplex dont l'évaluation municipale est de 325 000 $ dans un secteur où ce ratio est de 1,6 vous indiquera qu'un prix demandé de 495 000 $ pourrait représenter un bon départ pour une offre négociée puisque la valeur moyenne serait d'environ 520 000 $ (325 000 $ x 1,6). Autre exemple : à Rosemont, en juillet 2006, un triplex a été vendu à un prix de 330 000 $ alors que l'évaluation réalisée par la Ville de Montréal se chiffrait à 231 900 $, ce qui nous donne dans ce cas un ratio de 1,42 (330 000 $ / 231 900 $).

Choisissez un agent affilié à une bannière de courtage connue et reconnue. C'est une question de stabilité et de crédibilité professionnelle. Il y a chaque année, un peu partout au Québec, un certain nombre de nouvelles bannières de courtage immobilier qui voient le jour… et autant qui disparaissent. Pour ma part, dans la mesure où je m'associe à quelqu'un (pour un mandat particulier, j'entends), je préfère le faire avec une bannière établie, provinciale si ce n'est nationale et dont l'image et le nom sont synonymes de stabilité et de durabilité.

J'ai une vision à long terme des affaires. Voilà pourquoi je vous recommande de développer vos relations d'affaires en gardant en tête qu'en immobilier, le long terme est la norme. Travailler avec la dernière bannière qui vient de voir le jour, même si elle a été fondée par un agent d'expérience (devenu courtier), il y a de fortes chances que la prochaine transaction que vous réaliserez soit avec une autre… nouvelle bannière.

Une bonne façon de vérifier la solidité de l'agence pour laquelle travaille votre agent est tout simplement d'aller « visiter » ses bureaux. Je vous recommande de fixer le rendez-vous de votre première rencontre à son bureau. J'aime constater l'ordre et l'organisation (ou le chaos) qui règne dans le lieu de travail officiel de l'agent avec qui je transige.

Vérifiez l'état du dossier de votre agent immobilier en communiquant avec l'ACAIQ). Votre agent doit avoir acquitté sa prime (550 $) au Fonds d'indemnisation du courtage immobilier (FICI). A-t-il payé sa police d'assurance professionnelle? Y a-t-il déjà eu des réclamations à l'endroit de sa pratique? Une fois ces vérifications faites et votre confiance assurée, soyez, vous aussi, un acheteur professionnel. Assurez votre agent qu'il ne travaillera pas avec vous inutilement… et respectez votre parole! Achetez par son entremise pour qu'il touche sa commission ou débrouillez-vous seul.

Ces cinq critères de sélection, vous permettront de vous dénicher un très bon agent.

Cinq conseils pour favoriser une bonne relation agent-client

Voici maintenant cinq conseils complémentaires pour que les choses tournent rondement entre vous et cet agent performant.

Vive la ponctualité! Vous investissez. Vous faites des affaires. Vous devez vous présenter à l'heure et surtout ne pas oublier votre rendez-vous. Un agenda est donc essentiel.

Faites vos devoirs avant chaque rencontre. Dans le respect du temps de votre agent, développez une prévoyance pour faire en sorte que vos rencontres soient productives. Apprenez par cœur la liste de vos besoins incontournables en habitation (deux chambres, un stationnement et un cabanon ou un espace de rangement d'au moins 10 mètres carrés, etc.) et la liste de vos critères de recherche qui en découlent (nombre de logements, propriété sans rénovations majeures, limites fixées pour chacun des ratios, etc.). Ne vous écartez pas du ou des secteurs retenus. Et, bien sûr, réglez dès le départ votre bilan, vos revenus et dépenses et surtout votre demande de prêt hypothécaire préautorisée.

La légion d'agents incompétents ne mérite pas de vous faire perdre votre temps, mais en contrepartie, vous vous devez d'atteindre un niveau d'efficacité qui démontrera à l'agent opérationnel que vous êtes un investisseur sérieux. Un acheteur qui opère! C'est donnant, donnant!

Maintenez un canal de communication direct. Laissez à votre agent votre numéro au travail et celui de votre cellulaire… que vous laisserez en fonction! Vous n'avez pas de cellulaire? Vous savez ce qu'il faut faire. Demandez du même coup à votre agent son numéro direct, habituellement son cellulaire, mais aussi son numéro à la maison. Vous allez lui faire gagner plusieurs milliers de dollars en commission (entre 5 et 7 % du prix de vente), très certainement dans les cinq chiffres. Cela vous donne le droit à un morceau de son intimité. J'insiste!

Fixez les balises qui délimiteront le cadre de votre relation d'affaire. Par exemple, exprimez clairement vos attentes. Verbalisez votre objectif. Ajustez-vous selon ce qu'en pense et en dit votre agent. Une fois d'accord, écrivez une date d'achat au calendrier. C'est fou ce qu'on peut réaliser avec la loi de l'intention! Définissez ensuite un plan de match dans lequel les tâches de chacun seront précisées. N'allez pas croire que votre agent doit tout faire seul. Ce serait une grave erreur que de rester là, les bras croisés à attendre. Impliquez-vous en évitant, comme le font les gouvernements en pure perte, « d'empiéter sur vos champs de compétences respectives ». Pour ma part, avec mon agent (qui profite maintenant de sa retraite sur son bateau…), nous réalisions des recherches dans des secteurs respectifs et nous partagions les sources d'information à vérifier. Cependant, nous avions aussi établi que je ne faisais pas d'appels, laissant le soin à mon agent d'établir les contacts avec les autres agents immobiliers ainsi qu'avec les vendeurs. On se partageait l'information régulièrement et je lui donnais alors les coordonnées des immeubles qui me semblaient intéressants. En passant, j'avais son numéro à la maison où, d'ailleurs, je déjeunais fréquemment avec lui.

Soyez amical. Pour faire des affaires, il faut d'abord être amis. En mettant tout en œuvre pour bâtir une amitié avec votre agent (et toute autre relation d'affaire), vous y gagnerez deux choses : ce sera assurément plus agréable et vous aurez une loge de première place dans l'esprit de votre agent, qui s'empressera de vous faire profiter des *deals* qu'il trouvera. D'ailleurs, j'ai remarqué que les gens riches qui ont du succès sont souvent aussi les plus chaleureux, humains et amicaux.

Vous devez savoir également que peu importe la bannière de courtage pour laquelle votre agent travaille, il a accès, par l'intermédiaire du Service inter-agences (SIA) à toutes les propriétés inscrites par des agents, y compris ceux qui représentent d'autres bannières. En ce sens, la bannière n'a aucune importance. D'ailleurs, la majorité des transactions se réalisent avec l'aide de plusieurs agents, souvent de différentes entreprises de courtage, l'un représentant l'acheteur, l'autre, le vendeur.

Le site www.sia.ca est ouvert au public. Votre agent peut également vous aider à acquérir un plex vendu sans intermédiaire. Je l'ai fait à quelques reprises. Mon agent agissait alors à titre d'intermédiaire en proposant un contrat exclusif, ce qui signifie qu'il est valide uniquement pour cette transaction.

En mettant en application l'ensemble des trucs et conseils en matière de recherche et avec l'information que vous venez de lire, il est certain que vous trouverez des plex qui répondront, en tous points, à vos critères de sélection personnels et financiers. Voilà pourquoi le prochain chapitre vous donnera les outils nécessaires pour rendre vos visites constructives et efficaces.

Chapitre 10

LA VISITE

Pour acquérir un bon immeuble à bon prix, vous devrez en visiter plusieurs. En tenant compte qu'un plex comporte entre deux et cinq logements, si vous multipliez l'un par l'autre, cela fait beaucoup de logements à visiter... Une recommandation pour ceux qui ne souhaitent pas nécessairement visiter des dizaines de logements : faites des offres d'achat conditionnelles à la visite et à l'acceptation des lieux par vous-même et par l'inspecteur M. Zyeutetout. De cette façon, vous ne visiterez pas les immeubles dont les offres seront refusées et vous ne serez pas obligé d'acheter les immeubles qui, après une visite, ne correspondent pas à vos attentes, et ce, même si votre offre a été retenue.

Lorsque votre offre est acceptée, vous devez visiter tous les logements, sans exception. J'ai déjà acheté un triplex et, étant déjà orienté sur le prochain achat, j'ai négligé de visiter deux logements... sur trois! Comme par hasard, celui que j'avais vu était de loin le plus beau.

Quatre conseils pour mettre votre visite à profit

Préparez-vous à la visite en révisant la fiche technique de l'immeuble. Vous aurez ainsi en mémoire les éléments importants tels que le prix, l'évaluation municipale, le nombre de logements, etc. Se préparer, c'est aussi s'assurer d'arriver à l'avance. Vous éviterez ainsi le stress de la possibilité d'un retard éventuel tout en ayant le temps de vous « tremper » à nouveau dans « l'esprit du secteur ».

Soyez courtois. La visite est aussi une occasion pour vous d'établir ou de renforcer votre relation avec le propriétaire. Dans la majorité des cas, les propriétaires de plex n'ont pas de préposé à l'entretien et s'occupent eux-mêmes des visiteurs. Un certain nombre de locataires peuvent se trouver à l'extérieur au moment de la visite. Dans ce cas, notez-le pour, ultérieurement, demander au vendeur de faire les présentations si la vente est conclue. J'apprécie cependant de rencontrer les locataires lors de la visite. Cela m'aide à me faire une idée de la clientèle.

Portez une attention particulière à certains éléments des loge-ments tels les armoires, les revêtements de plancher, la dispo-sition des pièces ou la présence de traces de moisissures au bas des murs et oubliez les goûts et le mobilier des locataires. Ne faites pas que garder le silence; assurez-vous que votre visage ne parle pas plus fort que les paroles que vous ne prononcerez pas. Rappelez-vous que si la transaction a lieu, ce locataire deviendra le vôtre. Ce serait dommage de partir sur une mauvaise note parce que vous avez ri de ses peintures à numéros accrochées au mur.

Faites le tour de l'immeuble. C'est le but de la visite! Prenez le temps qu'il faut. Ce plex pourrait bien vous appartenir pour des décennies. Prévoyez une moyenne de 15 à 20 minutes par logement. À ce temps, ajoutez 90 minutes pour ensuite prendre un café ou un verrre avec votre agent et discuter de cet immeuble ou pour déterminer la prochaine cible. Lors de la visite, n'ayez pas peur de vous salir un peu, par exemple en descendant au sous-sol. Personnellement, j'accepte toujours lorsque le propriétaire me propose de voir le cabanon, la terrasse sur le toit ou la boîte électrique. Je suis là pour ça. Je veux voir. Je visite!

Prenez des notes. Il n'y a pas d'autres moyens de ne rien oublier, sauf peut-être l'utilisation d'un magnétophone, mais ce n'est pas discret, surtout lorsque vous voulez vous rappeler que les deux logements du rez-de-chaussée devront être refaits pour cause d'insalubrité.

Remplissez la grille d'inspection qui vous est proposée à la page 126. Ayez également sur vous un calepin pour noter vos impressions. Vous pourrez de cette façon évaluer avec plus de précision le coût des améliorations à apporter aux logement ou à l'immeuble. Vous pourrez aussi comparer votre évaluation à celle de l'inspecteur professionnel. Il est également plus facile de comparer les immeubles entre eux et ainsi de faire un choix éclairé lorsque l'on dispose de notes.

Grille d'inspection

Adresse :

Nombre de logements :

Prix demandé :

Évaluation municipale :

Prix par porte :

Revenus annuels bruts :

Ratio prix demandé / revenus annuels bruts :

Nombre de stationnements :

Dimension du terrain :

Taxes municipales : _____ $ + scolaires : _____ $ = Total : _____ $

Coûts de chauffage :

Frais d'entretien :

Année de construction :

Secteur :

Sous-sol existant : oui ◯ non ◯

- Hauteur :
- Revêtement de sol :
- État :

Services à proximité :

Commentaires :

Inclusions dans la vente :

Test qualité / quantité d'eau : oui ◯ non ◯

Test de percolation (type de sol) : oui ◯ non ◯

Type de sol :

Nom de l'agent :

Tél. :

Nom du propriétaire :

Tél. :

EXTÉRIEUR

Toiture :
- Toit plat :
- Toit en pente :
- Type de revêtement du toit :
- Âge :
- État :

Ouvertures :
- Matériaux :
- Âge :
- État :

Fondations :
- Bois :
- Blocs :
- Coulée ◯   de ciment ◯   de béton ◯   pieux ◯
- État :

Revêtement extérieur :
- Brique ◯   clin ◯   bois ◯   crépi ◯   tôle ◯
- Couleur :
- Âge :
- État :

Type(s) de chauffage :
- Âge du système :

Plomberie :
- Type :
- Âge :
- État :

Aménagement paysager : oui ◯ non ◯

Commentaires :

Gouttières :	oui ◯ non ◯	État :	
Terrasse sur le toit :	oui ◯ non ◯	État :	
Patio :	oui ◯ non ◯	État :	
Balcons :	oui ◯ non ◯	État :	
Garage :	oui ◯ non ◯	État :	
Cabanon :	oui ◯ non ◯	État :	

INTÉRIEUR (REMPLIR CETTE SECTION POUR CHAQUE LOGEMENT)

Logement n° :

- Nombre de chambres :
- Dimensions :   1) _____   2) _____
                   3) _____   4) _____
- Revêtement de sol :
- État :

Salle de bain, dimensions :

- Revêtement de sol :
- État :

Cuisine, dimension :

- îlot : oui ◯   non ◯
- Revêtement de sol :
- État :

Salon, dimensions :

- Revêtement de sol :
- État :

Boîte électrique : disjoncteurs ◯   fusibles ◯

- Ampérage :
- Âge :

Prises électriques :

- En nombre suffisant? oui ◯   non ◯

Chauffe-eau :

- Type :
- Âge :

Système de climatisation : oui ◯   non ◯

- Type :
- Âge :

Système de sécurité : oui ◯   non ◯

- Type :
- Âge :

Commentaires :

Ce que révèle l'aspect extérieur du plex

La visite d'un plex commence au coin de la rue! Vous devez penser que bientôt, vous aurez des locataires qui, eux aussi, porteront attention aux éléments qui suivent.

Le stationnement. Combien d'espaces de stationnement l'immeuble compte-t-il? Le stationnement est devenu une denrée tellement rare que des immeubles sont rasés pour faire de la place aux voitures. Il n'est pas rare que des locataires qui choisissent d'utiliser le transport en commun exigent tout de même une place de stationnement au moment de la location. Ils se soucient de leurs visiteurs qui n'ont pas fait le même choix qu'eux ou se gardent la possibilité de changer d'idée et de se procurer une voiture.

Notez ensuite le type de revêtement (asphalte, pavé, gravier, terre battue...). Il arrive que ce soit les locataires eux-mêmes, lorsque le propriétaire délaisse son investissement, qui déterminent ce qui est ou non une place de stationnement. Des voitures sur la pelouse ou des arbres ébranchés afin de permettre à une voiture de prendre plus de place rendent la location moins aisée.

L'aménagement extérieur. Y a-t-il de l'espace pour les locataires qui désireraient mettre le nez dehors? Le terrain est-il aménagé? Y a-t-il des arbres? Un feuillu noble (chêne, érable, frêne, etc.) a plus de valeur qu'un conifère (sapin, épinette, pruche, cèdre) et un immeuble avec un plusieurs arbres a plus de valeur qu'un autre qui n'en a pas. Un arbre mature, considérant le temps nécessaire à sa croissance, a plus de valeur qu'un autre fraîchement planté. Par contre, un arbre à abattre (malade, creux ou mort) représente une dépense qui peut facilement dépasser 2 000 $ par arbre (abattage et disposition des branches et du bois).

Les propriétés voisines. L'idéal est d'acheter un plex dans un quartier où les autres propriétés, sans posséder exactement les mêmes caractéristiques, sont très similaires. Il n'est pas conseillé, par exemple, d'acheter le quintuplex qui, à l'époque, a été construit au bout de la rue, qui a été allongée depuis et « débouche » maintenant sur un nouveau quartier. Ce plex se retrouve maintenant au milieu de bungalows et de jumelés. Pire encore, ce duplex « transformé » en quadruplex érigé parmi des résidences unifamiliales. La transformation (tant bien que mal) du garage en logement et l'aménagement du sous-sol en 3 1/2, dont le plafond ne fait pas deux mètres, cadre mal dans le secteur et offre des logements qui trouvent difficilement preneur. À éviter!

Les voisins. Est-ce que les locataires des immeubles adjacents constituent le type de clientèle que vous recherchez? Si oui, formidable! Vous n'aurez qu'à placer une affiche pour louer vos logements à leurs amis. Si non, ce sera difficile de renverser la vapeur. Un locataire qui ne se sent pas à l'aise dans son environnement ne renouvellera pas son bail ou tentera de le résilier avant son terme. Encore une fois, qui s'assemble se ressemble.

La toiture. Est-elle en bon état? Le rapport de l'inspecteur vous en informera. En attendant, s'il s'agit d'un toit en pente, le plus souvent le revêtement est en bardeaux d'asphalte. Observez si le recouvrement est encore plat. Le vieillissement des bardeaux se remarque par les coins qui se soulèvent. Il est possible, si la toiture est plus vieille encore, qu'il manque des bardeaux par endroits. Lorsque le vendeur vous informe qu'il a restauré la toiture, demandez-lui une copie de la facture. Vous connaîtrez ainsi la date de réfection, les coordonnées de l'entrepreneur et les sommes investies. Pour fins de garanties, vérifiez, en téléphonant à l'APCHQ, si le permis de l'entrepreneur est toujours valide.

Les ouvertures. Autre élément important à vérifier, l'état des portes et des fenêtres. Sont-elles en bois, en aluminium ou en vinyle? Les fenêtres ont-elles été remplacées? Sont-elles à battants, coulissantes ou fixes? Notez également si les ouvertures sont suffisamment grandes pour offrir des logements ensoleillés. Certains immeubles ont des ouvertures seulement en façade et en arrière en raison des murs mitoyens ou à cause des règlements municipaux concernant les vues illégales, c'est-à-dire d'une fenêtre qui serait trop près de l'immeuble voisin.

« Idéal pour le bricoleur »

Il est possible que la propriété de type « idéale pour le bricoleur » ne vous intéresse pas. Rien d'étonnant à cela, car il en va de même pour la majorité des acheteurs, ce qui explique que certaines des acquisitions les plus intéressantes que j'ai faites étaient précisément dans la catégorie « idéal pour bricoleur ». Que vous fassiez les travaux vous-même ou que vous ne vous chargiez que de leur supervision, les plex qui demandent certains travaux (et souvent beaucoup d'imagination) peuvent aussi représenter de bons achats.

Cependant, par expérience, je peux vous dire que les dépassements de coûts et les retards au calendrier sont calculés par les spécialistes en gestion de projets par l'ajout de 20 % (argent et temps). Il n'y a pas que les gouvernements qui excèdent les prévisions! Voilà donc pourquoi ce créneau de l'immobilier est plus exigeant et risqué. Si malgré tout, l'aventure vous intéresse ou si une propriété « fatiguée » vous est offerte, vous devrez l'évaluer en tenant compte des éléments suivants :

- le secteur doit faire partie de ceux que vous aviez retenus précédemment et doit absolument offrir de bonnes perspectives de croissance des valeurs marchandes;

- l'inspection de l'immeuble par un professionnel ne doit révéler aucun problème de contamination due à l'humidité ou à des dégâts d'eau. Les problèmes qui en découlent sont difficiles à éliminer complètement et exigent souvent la démolition de l'immeuble;

- l'évaluation du plex par un professionnel doit offrir une marge suffisante pour contenir les coûts des travaux, plus votre bénéfice;

- demandez l'avis d'un entrepreneur général quant aux travaux à effectuer afin de rendre l'immeuble parfaitement habitable. Une estimation des coûts devra suivre. Je vous recommande d'ajouter à ce montant 20 % pour couvrir les dépassements de coûts. Ajoutez 75 % de cette estimation « bonifiée » au montant de l'évaluation actuelle, réalisée par un évaluateur agréé. Vous pourrez ainsi mesurer le bénéfice que vous obtiendrez malgré un dépassement des coûts des travaux de 20 % par rapport au prix de vente demandé avant négociation!

Voici un exemple :

Vous dénichez un quadruplex fatigué appartenant à un vendeur qui l'est tout autant. Après estimation, le coût des travaux est évalué à 150 000 $. Pour les dépassements de coûts éventuels, vous ajoutez 20 % à cette estimation, ce qui vous donne un coût de 180 000 $ (150 000 $ x 20 %). L'évaluateur estime la valeur actuelle de l'immeuble (avant travaux) à 350 000 $. Le prix de vente demandé (avant négociation) est de 220 000 $. Vous pouvez considérer de façon réaliste (ce qu'il faut faire) que la valeur de l'immeuble, suivant la fin des travaux, sera accrue de 75 % du coût de ceux-ci soit 135 000$ (180 000 $ x 75 %). Votre déboursé total (prix de vente + coût des travaux (+20 %)) sera de 400 000 $ (220 000 $ + 180 000 $). La valeur de l'immeuble après travaux sera de 485 000$ (350 000 $ (valeur avant travaux) +

135 000 $ (75 % du coût majoré des travaux estimés à 180 000 $). L'augmentation de votre valeur nette, dans cet exemple, est de 85 000 $, soit la différence entre la valeur après travaux (485 000 $) et le total de vos déboursés (400 000 $). Bravo!

Voilà, vous pouvez maintenant partir à la recherche de votre plex et trouver une bonne occasion! Qui cherche trouve. Donnez-vous le temps de dénicher l'immeuble qu'il vous faut. Soyez à la fois actif et patient. Dernière chose : ne lésinez sur aucun moyen de recherche et ne jugez pas trop vite un immeuble.

Une fois cette perle rare dénichée, il ne vous reste plus qu'à réaliser le plus gros profit possible en payant le plus petit prix que vous pourrez négocier. C'est de cela dont il sera question au chapitre suivant : la négociation.

Chapitre 11

POURQUOI PAYER PLUS? NÉGOCIEZ!

Dans le monde de l'immobilier, c'est bien connu : c'est au moment de l'achat que l'on « fait de l'argent »! Cependant, les acheteurs se laissent plus souvent qu'autrement submerger par leurs émotions et payent le prix demandé aux conditions du vendeur. Qui devient émotif... oublie son objectif.

La négociation est un art. Un processus qui comporte plusieurs étapes. La communication est la base d'une négociation réussie.

Les deux types de négociateurs

On peut classer les négociateurs en deux grandes catégories :

L'adversaire. Vous pouvez négocier comme le boxer se bat contre un adversaire. Après le combat, il y aura indéniablement un vainqueur... et un perdant. Avez-vous déjà remarqué qu'après un combat, même le vainqueur porte les marques des coups reçus?

Le partenaire. Voilà le style à privilégier. La négociation de partenariat. Pour ma part, j'aime négocier comme deux pagayeurs dans une même embarcation. Chacun y trouve son compte parce que les parties travaillent de concert. Pour y arriver, vous aurez besoin des quatre qualités suivantes : patience, respect de l'autre, écoute et tolérance au stress.

En Amérique du Nord, plusieurs gens sont mal à l'aise avec la négociation. Normal. Lorsqu'il s'agit de négociation, on pense le plus souvent au combat à mort que se livrent syndicats et gouvernements! Nous entretenons aussi des préjugés tenaces au regard de la négociation, car nous sommes culturellement conditionnés à payer le prix indiqué. Que ce soit à l'intérieur du menu au restaurant, au bout de la manche d'un manteau ou sous la semelle d'un soulier, au bas de la facture ou... le prix indiqué à la pompe!

Ailleurs dans le monde, je dirais pour les trois quarts de la population mondiale, on négocie ouvertement. D'ailleurs, il le faut bien puisqu'il n'y a aucun prix affiché ni fixé d'avance. C'est la négociation qui règle le jeu, la loi de l'offre et de la demande qui détermine le prix acceptable pour les deux parties.

Une règle à retenir

Le seul fait de payer cher pour un immeuble ne vous permet pas ensuite d'augmenter les loyers en conséquence.

Afin de justifier une augmentation de loyer, à titre de propriétaire, vous devez fournir au locataire un avantage tangible. C'est ce que j'appelle le « principe de la toiture neuve ». Tentez de convaincre vos locataires de payer ne serait-ce que 25 $ de plus par mois simplement parce que vous avez refait la couverture. Vous m'en donnerez des nouvelles! Voilà pourquoi il est nécessaire d'obtenir le meilleur prix possible à l'achat, sinon il sera difficile, voire impossible, de récupérer votre mise et de générer un rendement intéressant.

Des raisons supplémentaires de négocier

En cas de revente, vous ferez de l'argent puisque vous aurez négocié un prix d'achat inférieur à la valeur marchande. De plus, l'argent économisé à la négociation vous évitera de payer des intérêts sur le capital ainsi économisé. Enfin, vous n'aurez pas non plus à rembourser chaque tranche de 100 $ négociée!

Vous avez le choix entre une négociation réussie et une dont l'échec est assuré. La négociation couronnée de succès est menée par la raison de l'acheteur. Celle qui conduit le plus souvent à la rupture des discussions est guidée par l'émotion, que l'on justifiera ensuite avec… la raison. Se rendre à une rencontre pour négocier avec le vendeur d'un immeuble, ce n'est pas partir à la guerre. Quoi qu'il advienne, personne ne va mourir.

Acheter un immeuble au prix du marché, sans négocier, c'est facile. Payer un prix supérieur est une erreur. L'investisseur intelligent négociera afin d'obtenir une entente sous la valeur marchande. Voilà le défi. Pour vous aider à le relever, voici quelques conseils.

Les 10 règles de base en négociation

Ne donnez pas de chiffre en premier. Le premier qui en donne un perd. Je ne souligne jamais le prix annoncé sur la fiche technique ou mentionné par le vendeur au téléphone. Je fais celui qui a un trou de mémoire afin que le vendeur me rappelle le prix demandé. Reposez la question : « Combien vous demandiez déjà? » Vous seriez surpris du nombre de fois où j'ai ainsi obtenu un « nouveau » prix. Bien sûr, évitez d'applaudir chaleureusement cette baisse de prix sinon vous devrez expliquer que la mémoire vous est revenue!

Demeurez conséquent. Nous connaissons tous quelqu'un qui n'hésiterait pas à parcourir plusieurs kilomètres (et y mettre le temps!) pour économiser 10 cents sur le prix d'une canne de pois. Autre exemple : ces gens interrogés par les journalistes lorsqu'il est annoncé que l'essence grimpera de 5 cents le litre avant la fin de la journée. Je parle bien sûr de ceux qui se vantent à la télévision de faire 30 kilomètres et d'attendre une heure aux pompes pour économiser peut-être un gros 3 $ (un plein de 60 litres à 0,05 $ sous le prix « ailleurs »).

Petite précision dans ce cas : le ministère du Revenu accepte en frais de déplacement, pour fins de représentation, 40 cents du kilomètre pour l'usure de la voiture et l'essence. Les dépenses acceptées par le gouvernement sont habituellement très près de la réalité, pour ne pas dire très conservatrices. Donc, dans cet exemple, notre accro de l'économie devra débourser (même s'il ne s'en rend pas compte) environ 24 $ (30 km x 2 (aller-retour) = 60 km x 0,40 $) plus le temps de déplacement et l'attente aux pompes. Tout ça pour 3 $?

Je n'ai rien contre les économies, où qu'elles soient, bien au contraire. Par contre, si quelqu'un est prêt à négocier pendant 15 minutes sur le trottoir lors d'une « vente de garage » pour arracher 1,25 $ à la dame qui lui vend son vieux cendrier, je me dis qu'il serait alors conséquent qu'il négocie l'achat de son immeuble. Non? Il faut savoir où mettre ses efforts et il vaut mieux les mettre là où ça paye. Voilà ce que j'appelle demeurer conséquent.

Réalisez une transaction « gagnant, gagnant ». En négociation, il est important de bâtir une relation de coopération basée sur la confiance mutuelle. Personnellement, j'y crois vraiment et c'est dans cette direction que je travaille.

Intéressez-vous réellement au vendeur. Prenez le temps de connaître la personne qui vend. Informez-vous de ses besoins, de ses objectifs et de ses motivations à vendre. Trouvez une façon acceptable de répondre à ses besoins au mieux et vous obtiendrez votre prix et vos conditions. Cela doit faire partie de votre éthique à titre de négociateur dans ce triangle acheteur-vendeur-offre d'achat.

Je vous donne l'exemple de l'un de mes voisins qui habite en face du presbytère depuis toujours, qui avait été propriétaire de l'épicerie du coin pendant 48 ans. Je m'étais laissé dire qu'il n'était pas facile d'approche. C'est vrai qu'au début, il n'était pas très bavard lorsque je le croisais, mais d'une chose à l'autre, j'ai appris à le connaître.

Il est devenu un de mes amis. Du coup, je comprends que son attitude de « grognon » lui est venue d'un commerce qui l'obligeait à travailler 7 jours sur 7, de très longues heures quotidiennement et qu'en plus, il avait débuté comme épicier parce que son père à l'époque avait exigé de lui qu'il prenne la relève du commerce.

À ce rythme-là, un demi-siècle plus tard, je n'en connais pas beaucoup qu'on pourrait considérer comme des boute-en-train! Voilà ce qu'est faire l'effort de comprendre l'autre partie. Donnez une chance au coureur. Mettez-vous à la place du vendeur et vous aurez une bien meilleure idée de la façon de l'aborder afin de mener des négociations fructueuses.

Gardez une vue d'ensemble. Une négociation porte sur un certain nombre d'éléments: prix de vente, date de prise de possession, montant de la mise de fonds, options de financement, solde de prix de vente, frais connexes à partager (notaire, certificat de localisation, évaluateur, inspecteur), etc. Afin d'augmenter vos chances de conclure l'entente et de signer une offre d'achat avantageuse pour tout le monde, je vous suggère de discuter de chacun de ces éléments séparément. De cette façon, vous pourrez réussir progressivement à vous entendre, point par point. Appliquez l'adage qui dit que pour recevoir, il faut accepter de donner. Par contre, vous avez le loisir de choisir ce que vous accepterez de donner!

Présentez le prix comme un simple élément parmi tant d'autres. Évitez de focaliser uniquement sur un élément, surtout s'il s'agit d'un point plus difficile. C'est vrai particulièrement quand il s'agit du prix.

Faites preuve de souplesse. Sans laisser tomber vos positions, démontrez une grande flexibilité. Comment réussir ce paradoxe? Lorsque vous vous retrouvez devant un élément sur lequel les positions des deux parties sont *a priori* difficilement conciliables, proposez au vendeur de laisser ce point en suspens pour l'instant. Discutez d'un autre élément. Vous pourrez revenir sur ce point ultérieurement. Soyez ferme dans l'atteinte du but, flexible dans le choix du chemin pour y parvenir.

Restez alerte au langage non verbal du vendeur. Les spécialistes de la communication mentionnent que plus de 80 % d'un message est véhiculé autrement que par la parole. Notez l'intonation de la voix et les signaux transmis par le corps et l'attitude du vendeur.

Offrez le prix le plus bas possible... que vous êtes en mesure de justifier par des faits. Par exemple, vous pourriez dire : « Je sais que l'offre que je viens vous faire aujourd'hui est possiblement inférieure à vos attentes (vous savez en fait qu'elle l'est), mais pour l'établir, les spécialistes consultés ont tenu compte des travaux à effectuer, du fait que les loyers sont bas et que le taux d'inoccupation est élevé, etc. », puis faites connaître votre offre.

Demandez plus pour obtenir plus. Donnez-vous de meilleures chances en faisant une bonne liste de demandes. Demandez même d'inclure la vieille tondeuse du vendeur dans la transaction, et ce, même si vous en possédez déjà deux. En cas d'acceptation du vendeur, vous pourrez toujours la donner à votre beau-frère. En cas de refus, vous pourrez alors faire montre de flexibilité en laissant tomber cet élément, en bon gentleman que vous êtes, et obtenir en échange un gain sur un autre point.

De mon côté, je demande beaucoup, mais je propose aussi beaucoup. Sans changer fondamentalement ma position, en gage de ma bonne foi, j'offre toujours plusieurs pistes de solutions. Par exemple, le solde de prix de vente (financement par le vendeur d'une partie de l'immeuble), que vous proposiez de payer en un seul versement 36 mois après la conclusion de la vente, pourrait plutôt être remboursé en trois versements, un à la fin de chacune des années, ou encore en 36 versements mensuels. Vous offrez au vendeur de vous ajuster. Il a le choix. Dans tous les cas, vous obtenez tout de même le financement que vous désiriez de sa part.

Gardez la tête froide. Demeurez maître de vos émotions. Il peut arriver que le vendeur puisse dire quelque chose qui vous froisse ou avec laquelle vous n'êtes absolument pas d'accord. La négociation n'est pas un espace qui permet la susceptibilité ou qui laisse place aux sujets délicats tels que la politique ou la religion. Lors de mes premières rondes de négociation, à l'aube de mes 20 ans, je vous assure que j'ai entendu toutes sortes de choses. Cela ne m'a jamais empêché d'acheter... à mon prix et à mes conditions. Je dirais que je n'en n'étais que plus motivé! En somme, ne laissez pas votre nouvelle relation acheteur-vendeur venir interférer avec les enjeux réels soit : le prix et les conditions.

Quatre autres trucs utiles en négociation

Voici maintenant quatre trucs complémentaires, profitables en négociation.

Réfléchissez à vos objectifs véritables avant d'entreprendre les négociations. Vous devez fixer vos limites dès le départ. Gardez-vous une marge dans le dévoilement de vos objectifs.

Posez des questions ouvertes au vendeur. Vous en apprendrez beaucoup plus sur sa façon de voir la situation et ses motivations en tant que vendeur. C'est aussi un moyen d'établir un contact. Attention cependant : certains vendeurs connaissent la chanson. À tout hasard, si vous tombiez sur l'un d'eux, le truc est de répondre à une question par une autre question...

Vous êtes supposé écouter 80 % du temps. Si ce n'est pas le cas, c'est que le vendeur a pris le pôle de la négociation. Il ne vous reste plus qu'à remettre la balle dans son camp : « Effectivement, vous avez raison, c'est une question intéressante, mais j'aimerais savoir ce que vous, vous en pensez. »

Écoutez, écoutez et écoutez encore! Ne tenez pas pour acquis que vous avez bien tout compris. Utilisez la reformulation afin de clarifier le point de vue, les objectifs, les arguments et même les propositions faites par le vendeur en disant : « Si je comprends bien, ce que vous venez de dire... » Utilisez le « je », qui démontre que c'est votre compréhension et non ce que le vendeur a réellement pu dire. Vous risquez moins de froisser votre interlocuteur.

Faites à votre tour des propositions concernant le prix et les conditions. Prenez note de la réaction du vendeur. Écoutez-le à nouveau. Apportez certains ajustements à quelques-unes de vos propositions sur lesquelles vous disposez encore d'une certaine marge avant d'atteindre vos limites préalablement fixées.

La loi des nombres joue ici aussi. Multipliez vos chances de succès en réalisant plusieurs offres d'achat. Évitez de n'avoir qu'un seul immeuble dans votre mire. Vous seriez dans ce cas déçu et peut-être même découragé si les négociations venaient à avorter. Par contre, après des recherches assidues, vous pourrez possiblement rédiger deux ou trois offres par semaine ou même par jour! Mettez-y le temps et l'énergie et allez-y à fond. À ce rythme, après quelques mois, vous aurez déjà négocié et fait des offres sur suffisamment d'immeubles pour trouver, négocier et acheter le *deal* qu'il vous faut.

Mes neuf techniques de négociation préférées

L'offre ridicule. Une offre est une offre. Vous pouvez offrir ce que vous voulez. Une offre qui vous paraît ridicule peut très bien faire l'affaire d'un vendeur motivé qui rêve depuis longtemps de passer à autre chose (sans que personne ne lui ait offert quoi que ce soit). Tout est une question de perception. Par contre, il est possible que le vendeur ne soit pas content et s'emporte, d'où l'importance de bâtir une bonne relation avec lui. Il est toujours plus facile de pardonner à un ami, n'est-ce pas? N'hésitez pas à vous excuser lorsque votre offre est mal reçue. Profitez de l'occasion pour redémarrer les négociations avec une question comme celle-ci: « Je comprends que mon offre à 185 000 $ ne vous convienne pas. Quel montant voulez-vous? »

La récapitulation. Une fois les bases de vos négociations bien établies, c'est-à-dire lorsque votre position a été exprimée et que vous avez bien noté celle du vendeur, prenez le temps de récapituler avec le vendeur les éléments sur lesquels vous vous êtes déjà entendus avant de revenir sur les quelques points plus difficiles. De cette façon, il vous sera plus facile d'insuffler au vendeur la motivation nécessaire pour régler l'entente. Abordez les points les plus difficiles en fin de rencontre.

La nuit porte conseil. Après une nouvelle ronde de négociation, vous pourriez proposer de vous revoir le lendemain. Dites par exemple : « Je suis très heureux de l'avancement que *nous* avons réalisé *ensemble* aujourd'hui, particulièrement en ce qui a trait au financement et à la date de prise de possession. Seriez-vous d'accord pour que l'on se revoit demain afin que, chacun de notre côté, nous puissions réfléchir à tête reposée aux trois éléments qui nous séparent encore d'une entente complète? » Proposez au vendeur d'écrire ensemble, chacun à la suite de vos notes, ces trois éléments et fixez tout de suite l'heure et le lieu de la rencontre suivante, idéalement pour le lendemain. Il faut battre le fer pendant qu'il est chaud... et la mémoire fraîche!

Le salami. Méthode de négociation connue qui consiste à s'approcher progressivement, élément par élément, de l'entente convoitée. Tout comme un salami tranché en fines rondelles, une à la fois, vous finissez par l'avoir entièrement dans votre assiette. Il faut pour cela une immense patience, ce que je n'ai pas. Et vous?

L'ultimatum. C'est tout simplement le fameux « à prendre ou à laisser ». Je vous suggère, si vous en arrivez là, d'écrire votre offre finale et de consentir au vendeur un délai maximum de 12 heures. La pression sera sur ce dernier, qui verra alors votre sérieux. Vous en aurez également le cœur net rapidement et pourrez passer tout de suite à une autre transaction. Retenez cependant que si vous menacez de vous retirer de la négociation si le vendeur demeure sur ses positions... vous devrez effectivement quitter et passer à autre chose s'il ne bouge pas!

La comparaison. Dans vos recherches, vous trouverez plusieurs immeubles similaires. Cette technique consiste à souligner que vous avez visité ou que l'on vous a offert des immeubles semblables pour beaucoup moins cher. Précisez l'écart. Lorsque vous faites une comparaison, après avoir expliqué au vendeur les similitudes et les différences (désavantageuses pour son plex) entre les immeubles, demandez : « À votre avis, qu'est-ce qui différencie cet immeuble et le vôtre et qui justifie selon vous un écart de prix de 98 000 $? » Ensuite, silence! Écoutez attentivement la réponse.

La bonne question. Sortez de votre phase du « pourquoi » pour formuler vos questions de façon plus nuancée. Donc, au lieu de demander pourquoi une offre incluant, par exemple, un solde de prix de vente est rejetée, formulez plutôt votre question en commençant par : « Lorsqu'il est question d'un solde de prix de vente, peut-être que je me trompe, d'ailleurs ça m'arrive souvent, mais je perçois une réticence de votre part. Pourriez-vous m'expliquer votre point de vue sur ce point? »

La patience. L'être humain résiste de façon naturelle aux changements. Votre proposition provoque donc un changement entre ce que le vendeur avait en tête et la réalité que représente votre offre. En exigeant une réponse sur-le-champ, vous risquez de vous retrouver devant un refus. Par contre, vous pouvez risquer un revirement de situation de la façon suivante : après une négociation où vous êtes allé au fond des choses, exprimez au vendeur que vous comprenez sa position. Résumez ensuite de nouveau votre offre en indiquant qu'elle demeure valide. Mentionnez au vendeur que vous seriez heureux qu'il vous contacte après y avoir réfléchi. Bien sûr, vous devez également souligner qu'en attendant (puisque vous êtes un acheteur sérieux) vous continuerez vos recherches. Assurez-vous que le vendeur a bel et bien vos coordonnées et invitez-le à vous joindre quand il aura réfléchi.

Le prix de départ. Lorsque j'achète un bien immobilier, parmi les nombreuses questions que je pose au vendeur, il y a toujours celle-ci : comment avez-vous établi le prix de départ que vous demandez? Remarquez, dans cette question, je n'utilise pas le mot « pourquoi » afin d'éviter de placer le vendeur en position défensive, et je parle d'un « prix de départ », ce qui signifie au vendeur que j'ai l'intention de ne payer que le « prix d'arrivée ». Maintenant, par cette simple question (que bien peu d'acheteurs posent) vous apprendrez beaucoup à propos de :

- *la logique derrière le prix demandé.* Par exemple, le vendeur a additionné le prix payé à l'achat en 1996, calculé une plus-value annuelle de 5 % et ajouté à cela les montants investis en rénovations. Il se peut aussi que ce soit exactement l'inverse et que vous appreniez que le vendeur demande 653 000 $ pour son triplex parce que c'est exactement le montant dont il a besoin, incluant les taxes applicables, pour payer comptant le motorisé qu'il convoite;

- *la personnalité du vendeur.* Celle-ci varie entre le rationnel calculateur et l'illogique émotif. Le premier préfère une approche basée sur des arguments logiques et des chiffres (le marché, les ratios, les comparables du secteur, etc.) alors que le second désire passer à autre chose et réaliser son rêve. Avec ce dernier, je vous suggère l'empathie et la recherche d'une solution : connaissez-vous un vendeur de motorisés qui accepterait d'en financer un en prenant en garantie l'immeuble que vous voulez acheter?

Les trois types d'évaluation de la valeur d'un plex

Les vendeurs, surtout les rationnels, utilisent souvent trois valeurs de référence pour déterminer le prix « de départ » demandé, soient :

L'évaluation municipale. Depuis l'an 2000, en raison de la croissance rapide des valeurs du marché immobilier, les acheteurs ont payé, pour la plupart, beaucoup plus que l'évaluation municipale. J'ai constaté que dans les secteurs moins recherchés, l'écart était d'environ 30 % alors que pour les quartiers en demande, le prix payé comparé à l'évaluation municipale donnait l'impression d'une transaction exprimée en pesos!

Par exemple, entre 2004 et 2006, l'augmentation moyenne des triplex situés dans le secteur Rivière-des-Prairies – Pointe-aux-Trembles à Montréal a été de 58 %. Un triplex qui valait 148 000 $ aux yeux de la Ville est maintenant évalué à 234 000 $... une augmentation de 86 000 $[15]. Pendant ce temps, l'ensemble des valeurs grimpait de 48 % dans la région de Québec[16]. Le record appartient à la partie nord de Saint-Michel (île de

---

15. CLÉMENT, Éric, « Tous les propriétaires ne contesteront pas », *La Presse*, A25, 16 septembre 2006.
16. DUBUC, André. « La valeur des maisons en hausse de 38 % à Québec », *Les Affaires*, 2 septembre 2006, p. 51.

Montréal) où la valeur des plex a augmenté de 72 % entre 2002
et 2005, pour une moyenne annuelle de 24 %! (72 % / 3 ans).
L'augmentation moyenne des plex sur l'île de Montréal a été de
89 % entre 2000 et 2006 pour une moyenne annuelle de 14,8 %
(89 % / 6)[17].

L'augmentation des valeurs, tout en ralentissant, a tout de
même été aux environs de 5 % annuellement pour les années
2007 et 2008. Pour l'année 2009, certains analystes prévoient un
atterrissage en douceur, ce qui signifie un maintien des valeurs
ou une augmentation calquée sur le taux d'inflation qui, en
période de récession, sera très certainement inférieur à 2 %.
Certains, plus pessimistes (ou réalistes) s'avancent même à
prédire une baisse de 3 %. Honnêtement, suivant les augmentations faramineuses des dernières années, même une légère cor-
rection des valeurs à la baisse passerait presque inaperçue.
Dernière chose, il est nécessaire de faire la distinction entre le
nombre de transactions et le nombre de mises en chantier, deux
statistiques en baisse en 2009, et les chiffres concernant l'indice des prix des propriétés. Ces questions seront développées à
l'intérieur de mon prochain livre, qui portera sur les tendances
futures du marché immobilier.

Ce phénomène s'explique par les facteurs suivants :

- la valeur municipale est fixée par un évaluateur professionnel et est donc juste (ou presque) au moment où
  elle est réalisée. Une semaine, un mois, une année plus
  tard, le marché n'est déjà plus le même, surtout lorsqu'il est en ébullition comme c'est le cas depuis le
  début des années 2000 ou en turbulences, comme
  présentement. Il est donc plus sage de tenir compte de
  l'évaluation municipale comme d'une simple valeur de
  référence;

17. DUBUC André, « Acheter un petit immeuble neuf, une façon de s'enrichir », *Les Affaires*,
11 mars 2006, p. 51.

- pour limiter les frais liés à l'évaluation des propriétés de son territoire, les municipalités procèdent habituellement à la révision des valeurs des propriétés tous les trois ans. C'est le rôle triennal. Donc trois comptes de taxes pour trois années successives auront la même valeur de référence;

- les municipalités peuvent se comparer à des entreprises. Prenons le cas d'une ville qui, avec les taxes qu'elle perçoit, réussit à couvrir l'ensemble de ses frais d'opérations, parfois même avec un surplus. Pourquoi, dans ce cas, réévaluer les propriétés?;

- pour limiter les frais liés à l'opération d'une nouvelle évaluation des propriétés, il peut arriver que la municipalité qui désire augmenter ses revenus de taxes n'augmente en réalité que le taux d'imposition par tranche de 100 $ de l'ancienne évaluation;

- tout propriétaire qui juge l'évaluation municipale de sa propriété trop élevée peut contester celle-ci afin qu'elle soit révisée à la baisse. C'est ce que j'ai fait lorsque j'ai acheté mon presbytère. Dans ce cas, vous devez présenter une demande de révision de l'évaluation foncière (municipale) en basant votre réclamation sur tout ce qui pourrait justifier une baisse, par exemple, la pollution d'une usine à proximité, le bruit provenant de l'autoroute, le prix de vente de propriétés similaires à proximité (en deçà du montant de votre évaluation foncière) ou, mieux encore, le prix que vous avez payé pour votre *deal*! Informez-vous auprès de votre municipalité afin de savoir si des frais vous seront facturés en cas de refus de votre demande.

La valeur marchande

Afin de fixer avec plus de précision le « prix de départ », certains vendeurs auront recours aux services d'un évaluateur agréé qui établira la valeur de l'immeuble sur le marché, au moment où le rapport d'évaluation est établi. Encore une fois, il s'agit d'une estimation qui est basée sur la vente, le plus souvent de deux ou trois propriétés similaires et situées dans le même secteur. Ce sont les « comparables ». La valeur marchande n'est jamais juste à 100 % en raison du niveau de professionnalisme et de l'expérience de l'évaluateur, de la difficulté de trouver des propriétés vendues récemment étant similaires à l'immeuble à évaluer et dans le même secteur et des changements qui surviennent dans le marché entre le moment de l'évaluation et celui où vous faites une offre.

La valeur à neuf ou de remplacement

Il s'agit de l'estimation de ce qu'il en coûterait pour rebâtir le même immeuble en tenant compte des coûts de la main-d'œuvre et des matériaux en 2009. Le prix du terrain n'entre pas dans ce calcul. Il doit y être ajouté. Cette évaluation est principalement utilisée par les compagnies d'assurances qui estiment ainsi le niveau de couverture nécessaire. On comprend que la valeur à neuf gagne en utilité au fur et à mesure que l'immeuble prend de l'âge.

La promesse d'achat

Une fois trouvé le plex qui vous convient et à la suite de négociations fructueuses, vous devez rédiger une promesse d'achat. Il s'agit d'un document écrit par lequel vous vous engagez à acheter l'immeuble si votre offre est acceptée par le vendeur. Vous pouvez vous procurer, dans les librairies, ce document officiel, en deux copies, que vous n'avez ensuite qu'à remplir.

C'est plus simple de travailler avec un document officiel et vous ne risquez pas d'oublier un élément.

Même si, légalement, une bonne poignée de mains est valide, un contrat écrit est préférable, surtout si les choses tournent mal. L'écriture est un exercice de clarification. Par le passé, il m'est même arrivé de signer des promesses d'achat à l'endos de napperons de restaurant. Dans le cas où vous seriez tentés de suivre ce mauvais exemple, vous devrez alors inclure dans votre promesse d'achat les éléments suivants :

- en en-tête, *la date et le lieu* où vous rédigez la promesse d'achat. Par exemple, indiquez : À Montréal, en ce 23e jour de février 2009;

- *l'identification des parties.* Pour l'acheteur et le vendeur, inscrivez les noms, adresses, numéros de téléphone, l'occupation et, pour éviter les imbroglios, ajoutez les dates de naissance;

- *le prix offert* et s'il y a lieu, le *montant de l'acompte* versé au moment de la signature de la promesse d'achat;

- *les inclusions et les exclusions.* Il s'agit d'indiquer ici ce qui est inclus dans la transaction (laveuse et sécheuse situées au sous-sol, la liste des outils apparaissant en annexe « B », la tondeuse, etc.). Ce qui demeurera la propriété du vendeur, les exclusions, sont également à prévoir;

- *le financement.* Le montant de l'hypothèque demandée à une institution financière dont le taux d'intérêt ne devra pas dépasser 7 %. Mentionnez également le montant versé sous forme de mise de fonds. Concernant le financement obtenu du vendeur (solde de prix de vente), s'il y a lieu, indiquez le montant financé, les intérêts qui seront perçus, la fréquence des versements

(hebdomadaires, mensuels, annuels ou en un seul versement à la fin du prêt) et la durée du prêt (amortissement du solde de prix de vente);

- *la durée de la promesse d'achat.* Point essentiel. Vous
  devez indiquer clairement la date et l'heure d'expiration
  de votre promesse d'achat. Passé ce délai, vous êtes
  libéré de vos engagements. Je vous suggère de ne pas
  faire de promesse dépassant 48 heures. Il vaut mieux
  obliger le vendeur à réagir;

- *la date de prise de possession.* Vous devez fixer dans le
  temps la date à partir de laquelle l'immeuble vous
  appartiendra officiellement. Habituellement, il s'agit du
  moment où le contrat sera notarié;

- *les conditions de la vente.* C'est dans cette partie que
  vous devez mentionner tout ce qui rend la transaction
  conditionnelle : l'obtention du financement par l'acheteur, la vérification des baux (à votre entière satisfaction), l'obtention d'un certificat de localisation,
  l'inspection de l'immeuble par M. Inspectout, etc. Vous
  avez le droit d'y mettre toutes les conditions que vous
  voulez et ne vous gênez pas pour le faire.

Le vendeur peut à son tour vous faire une proposition, une
contre-offre, aussi appelée contre-proposition. Dans ce cas,
votre promesse d'achat est annulée. Vous devenez donc libre
de vous retirer, d'accepter cette contre-offre ou de rédiger une
nouvelle promesse d'achat. Ce jeu de ping-pong peut parfois
durer quelques jours. De mon point de vue, il s'agit de négociation sur papier plutôt que verbale.

Le contrat de vente

Voilà l'étape ultime qui officialise que vous venez d'acquérir un plex. Le contrat de vente est signé par les parties devant un notaire. Ce dernier rédige ce contrat à partir de la promesse d'achat... ou du napperon de restaurant. Le contrat de vente est ensuite enregistré au Bureau de la publicité et des droits, toujours par le notaire. C'est aussi à cette étape que votre agent, pour ses conseils, son aide et son travail, recevra enfin sa commission. Il en sera très heureux, tout comme le vendeur et vous aussi. Bravo!

Chapitre 12

LE FINANCEMENT DE VOTRE PLEX

L a définition de vos besoins en habitation, puis des secteurs qui répondent à vos critères, vous a mené ensuite
à l'étape de la recherche. Vous avez trouvé un plex, vous
avez négocié son prix et les conditions de la transaction de
façon avantageuse tant pour vous que pour le vendeur. Vous
voilà maintenant avec une promesse d'achat signée en main.
Afin d'officialiser votre acquisition, il ne vous reste qu'à trouver
le financement avant la visite chez le notaire.

Dans ce chapitre, nous verrons d'abord les bases du financement
qui vous aideront à réussir en immobilier. Ensuite, il sera question
des hypothèques comme principale source de financement. La
dernière section sera consacrée à ce que j'appelle les « sources de
financements créatives ». Ces dernières sont autant d'outils qui permettent de combler la différence entre, d'une part, la mise de fonds
et le prêt hypothécaire, et d'autre part, le prix de vente négocié.

Les trois bases du financement

Un financement inapproprié peut faire de vous un vendeur
motivé. Afin de bâtir un montage financier profitable, vous
devez tenir compte des trois éléments suivants :

Votre mise de fonds. Il s'agit de votre participation financière
dans la transaction. Vous devez vous impliquer le moins possible!

Vous avez bien lu. Je vous donne quatre raisons simples d'acheter avec un minimum de mise de fonds :

- à titre d'investisseur, vous obtiendrez plus facilement un rendement élevé sur votre mise de fonds si celle-ci est réduite au minimum. Par exemple, si un immeuble génère un revenu net annuel de 12 000 $, pour une mise de fonds à l'achat de 60 000 $, vous obtenez un rendement de 20 % (12 000 $ / 60 000 $ x 100). Dans le cas où votre mise de fonds serait plutôt de 30 000 $, votre rendement serait alors de 40 % (12 000 $ / 30 000 $ x 100). Retenez ceci : une mise de fonds limitée offre souvent un rendement plus élevé;

- moins vous devrez investir de votre argent dans l'achat d'un plex, plus vous pourrez acheter d'immeubles, et ce, rapidement. Par exemple, trois plex de 500 000 $ chacun vous sont offerts et vous disposez de 150 000 $. Avec une mise de fonds de 10 % (3 x 500 000 $ = 1 500 000 $ x 10 % = 150 000 $), vous pourrez les acheter tous les trois. Cependant, si vous devez verser 30 % de mise de fonds, vous ne pourrez en acheter qu'un seul (500 000 $ x 30 % = 150 000 $). Votre participation financière personnelle est donc inversement proportionnelle au financement restant à trouver;

- vous dormirez mieux si vous avez su conserver une partie de votre argent comme coussin afin de parer aux imprévus. J'ai déjà dit à un vendeur : « Je *pourrais* mettre plus d'argent pour la mise de fonds mais je ne *veux* pas ». Je lui ai ensuite expliqué qu'acheter un immeuble avec une mise de fonds de 25 %, c'est facile et qu'alors, je pourrais acheter n'importe lequel. Ce vendeur a compris que, s'il ne finançait pas une partie de la transaction, je n'achèterais pas son plex puisque... je trouverais facilement mieux que le sien. Et ça a fonctionné;

- les intérêts sur la portion du prêt qui sert à générer des revenus de location (100 % du prêt si vous n'habitez pas l'immeuble) sont déductibles d'impôt. Il est alors fiscalement avantageux d'obtenir le maximum de financement à l'achat (et par la suite) de son immeuble.

Le montage financier. C'est l'addition des différents prêts obtenus, incluant le prêt hypothécaire, ajoutée à votre mise de fonds jusqu'à l'atteinte de 100 % du prix payé. Par exemple, vous pourriez réaliser un montage financier comme suit : 5 % provenant de vos économies, 5 % retiré de votre marge de crédit, 10 % sous forme de solde de prix de vente (financement du vendeur) et deux hypothèques consenties par votre institution financière. Une première représentant 65 % du prix de vente afin de satisfaire l'ensemble de leurs critères d'acceptation à l'interne et une deuxième, « hors normes », mais aux mêmes conditions que la première, pour couvrir les 15 % manquants.

Le risque que représente le dossier de financement. Ce niveau de risque est calculé par les institutions financières, mais aussi par les prêteurs privés. L'évaluation du risque repose essentiellement sur cinq éléments : vos revenus, les revenus de l'immeuble, la solidité du montage financier, l'état de l'immeuble, c'est-à-dire l'estimation des travaux de rénovation susceptibles de devenir une nécessité à court et à moyen terme (d'ici 5 ans) et la qualité du secteur.

Bien entendu, plus le niveau de risque perçu sera grand, plus vous devrez faire des pirouettes pour convaincre les prêteurs de vous avancer l'argent nécessaire à la transaction… et plus élevé sera le taux d'intérêt exigé.

Qu'est-ce qu'une hypothèque?

L'hypothèque est le nom donné à un prêt, garanti par un bien immobilier, et ce, que le prêteur soit une institution financière, le gouvernement, un individu ou une entreprise privée. La garantie vient du fait que le prêteur peut légalement reprendre le bien immobilier et saisir les revenus de loyer versés par les locataires. Voilà pour le mauvais côté de l'hypothèque.

Par contre, l'hypothèque est le prêt qui offre les taux d'intérêt les plus bas. Il s'agit simplement d'une question de risque. Puisque maintenant vous savez que dans le mot « immobilier » il y a le mot « immobile », vous comprenez pourquoi les prêteurs préfèrent vous consentir un prêt hypothécaire plutôt qu'une carte de crédit. Dans le premier cas, il peuvent saisir votre triplex, un bien tangible avec en prime une adresse fixe, alors que pour la carte de crédit, vous pouvez payer la traite à de parfaits inconnus toute une soirée si ça vous chante et en sortant du resto, la garantie est depuis longtemps disparue dans votre estomac!

Les différents types d'hypothèques

Rassurez-vous, je n'ai pas l'intention de traiter de l'ensemble des options offertes sur le marché des prêts hypothécaires. Un livre entier ne serait pas suffisant pour traiter de ce large sujet qui est en évolution constante. Cette multiplication des variantes et des types de prêt hypothécaire résulte de deux phénomènes :

- en 2006, les plus sages de la cohorte des *baby-boomers* (nés entre 1946 et 1960) ont atteint l'âge de 60 ans. Depuis, chaque année, un nouveau groupe de cette génération fait son entrée dans le troisième âge. À cette étape de la vie, les gens ont (je leur souhaite!) accumulé de l'argent qui, sous forme de placements, leur rapportera des intérêts, une rente de retraite. Cela signifie que les institutions financières ont de l'argent à prêter comme jamais auparavant à de jeunes emprunteurs, insuffisamment nombreux. D'où la tonne de promotions pour les attirer;

- le Japon et l'Italie vivent un renversement de la pyramide des âges beaucoup plus dramatique qu'ici. Voilà
en partie pourquoi des institutions financières étran-
gères commencent à faire leur apparition dans le décor
québécois, ce qui augmente la compétition entre les
prêteurs implantés au Canada et amène ainsi d'autres
« produits financiers ».

En 2009, la mode est au compte d'épargne libre d'impôt, le
fameux CELI. Vous voyez, pour faire oublier pour un temps la
crise du crédit... on vous propose un compte d'épargne! Je
crois aussi que la réglementation des conditions entourant
l'offre de crédit sera à juste titre resserrée. C'est le retour du
balancier. Ceci étant dit, notre société ne peut fonctionner sans
le crédit. Les retraités ne peuvent vivre sans obtenir un certain
rendement sur leurs capitaux. Voilà pourquoi ce n'est qu'une
question de temps avant que vous soyez, de nouveau, bombar-
dés par des options de financements hypothécaires inédites.

Les différents aspects d'une hypothèque

Voici un survol des principales notions en termes d'hypothèques.

L'hypothèque préautorisée. Celle-ci ne représente pas un type
d'hypothèque en soi, mais plutôt une démarche devenue pratiquement incontournable. L'hypothèque préautorisée vous
permet de connaître à l'avance le montant que votre institution
financière sera disposée à vous prêter. À cette étape, vous
pouvez aussi rencontrer un courtier en prêt hypothécaire. Il
s'agit d'un intermédiaire, membre de l'ACAIQ, qui négociera en
votre nom un prêt hypothécaire, habituellement auprès d'une
quinzaine d'institutions prêteuses.

Les agents immobiliers appellent le détenteur d'une hypothèque préautorisée un « client préqualifié ». Dans le cas d'un
plex, comme la propriété génère des revenus, la préqualifica-
tion demeurera aussi conditionnelle aux revenus générés par
l'immeuble. Vous pourrez ainsi obtenir une confirmation du
prêt accompagnée d'une garantie du taux d'intérêt, normalement pour une durée de trois mois.

Le choix de taux. Au moment de signer votre emprunt hypothécaire, vous aurez aussi à choisir un type de taux. Vous
devrez, d'une certaine façon, parier sur l'évolution des principaux indicateurs économiques (taux de chômage, indice de
confiance des consommateurs, taux d'inflation, etc.). Vous
aurez également à tenir compte de l'impact économique que
certaines décisions politiques (baisse de la TPS, projets hydro-
électriques, équité salariale, etc.), pourront avoir sur le taux
d'intérêt.

Les trois principaux types de taux sont :

- *le taux fixe.* Avec ce choix, il n'y a ni surprise ni inconnu. Le taux d'intérêt de votre prêt demeurera le même pour l'ensemble de la durée de votre contrat hypothé-
caire (terme). C'est le pari sans inquiétude que vous devez faire lorsque vous croyez que les taux seront poussés à la hausse à court et à moyen terme (1 à 3 ans). L'inconvénient du taux fixe réside dans le fait qu'il ne permet pas, sauf en payant une pénalité, de profiter de la baisse des taux si toutefois vous vous êtes trompés;

- *le taux variable.* Ce taux offre toujours une économie par rapport au taux fixe. Vous ne payez pas pour la « protection » contre les hausses de taux. Selon *L'obser-vateur du logement au Canada*, 29 % des emprunteurs hypothécaires ont opté en 2005 pour le taux variable. Le taux variable vous fait profiter des baisses de taux, mais vous fait aussi subir des hausses. À privilégier lorsque les tendances sont à la baisse. Si vous choisissez le taux variable, demandez l'option sans pénalité. Vous pourrez ainsi revenir à un taux fixe dans l'éventualité où les taux seraient à nouveau à la hausse puis de choisir l'option « versement fixe ». De cette façon, lorsque les taux diminueront, avec un même paiement, vous effectuerez sans souffrir, un remboursement plus élevé sur votre capital (votre emprunt). Cela aura pour effet de réduire plus rapidement la durée de votre emprunt (amortissement);

- *le taux variable plafonné.* C'est le taux par excellence pour les *gamblers* qui aiment dormir le soir venu, groupe dont je fais partie. Avec ce taux, vous profiterez des avantages du taux variable et de la protection contre les hausses qu'offre le taux fixe, soit le « plafond ». Ce dernier sera bien entendu fixé à l'avance et se situera habituellement entre 0,25 à 0,50 % au-dessus du taux variable courant au moment de la signature.

L'hypothèque ouverte ou fermée. Après le taux d'intérêt, vous devez également choisir un type de contrat : ouvert ou fermé. Cela signifie que les conditions peuvent être révisées ou modifiées pendant la durée du terme, sans pénalité dans le cas d'un contrat ouvert ou avec pénalité pour le contrat fermé.

La majorité des contrats hypothécaires sont fermés. Les institutions financières, en échange d'une gestion plus stable de leur portefeuille, offrent des réductions de taux d'intérêt afin d'inciter leurs clients emprunteurs à « fermer » leur contrat.

L'hypothèque ouverte est un cas d'exception utile pour les situations temporaires où des changements, le plus souvent la vente imminente de l'immeuble, sont à prévoir. Le contrat ouvert offre l'avantage d'éviter les pénalités en cas de remboursement complet de l'hypothèque.

Le terme et l'amortissement. Le contrat hypothécaire se situe dans le temps à deux niveaux :

- *le terme.* C'est le contrat lui-même. Durée : entre 3 mois et 10 ans. À la fin du terme (échéance), vous aurez le loisir de renouveler aux mêmes conditions ou de modifier la durée du terme, l'amortissement, le type de taux et toutes les autres clauses au contrat. Vous pourrez aussi négocier un nouveau taux d'intérêt, y compris auprès d'une autre institution financière puisque vous devenez ainsi un « agent libre ». En 2004, selon *L'observateur du logement au Canada 2005*, au moment de renouveler leur prêt hypothécaire, 14 % des emprunteurs ont changé d'institution financière et 35 % avaient l'intention de le faire. Je négocie le taux d'intérêt au moment de chaque renouvellement d'hypothèque et pas toujours avec discrétion... Le temps où l'on jurait fidélité à sa banque est terminé. Profitez-en pour négocier et écouter ce que la compétition a à vous offrir. Pour ceux qui seraient nostalgiques du bon vieux temps où la relation client-banquier avait encore une signification, je vous dirai simplement que je ne connais plus beaucoup de directeurs de comptes dont le logo de leur institution est tatoué sur le cœur;

- *l'amortissement.* Il s'agit de la durée de l'hypothèque ou, si vous préférez, du temps total que vous prévoyez utiliser pour rembourser complètement votre emprunt hypothécaire. Durée : entre 10 et 35 ans. Un truc simple pour retenir la différence entre le terme et l'amortissement : le terme est un petit mot qui représente une courte période (la durée du contrat) alors que l'a-m-o-r-t-i-s-s-e-m-e-n-t (extinction de l'hypothèque) représente quelques décennies. Un amortissement de 35 ans est plutôt long dans le cas de votre résidence privée, mais formidable lorsqu'il s'agit de financer un plex. Pourquoi? Parce qu'une résidence privée, contrairement au plex (et à la situation fiscale qui prévaut aux États-Unis), ne génère aucune entrée d'argent. Pas de revenus, pas de rendement. Ensuite, les intérêts payés sur le prêt hypothécaire d'un plex, tout au long de la période d'amortissement, sont déductibles d'impôt. Vous pouvez consulter un fiscaliste afin de choisir la meilleure période d'amortissement dans votre cas, en tenant compte de votre situation financière et fiscale.

La fréquence des remboursements hypothécaires. Pour les deux raisons mentionnées précédemment, il devient inutile de courir à votre institution financière chaque fois que vous avez un peu d'argent pour rembourser une partie de votre prêt hypothécaire et réduire de cette façon la période d'amortissement. Quand l'argent vous sort par les oreilles, investissez-le plutôt dans l'achat d'un autre immeuble. De plus, je recommande un remboursement hypothécaire mensuel. Cela facilite la gestion des revenus, des loyers, et des dépenses dont la principale est justement les intérêts dissimulés dans votre versement hypothécaire.

Je vous déconseille même d'adopter le versement bimensuel ou hebdomadaire. Cela est particulièrement vrai en ce qui concerne la version « hebdomadaire pure », où vous effectuez un versement chaque semaine. Au total, cela représente un remboursement annuel supplémentaire (52 versements / 4 semaines par mois = une année de 13 mois, donc 13 versements au lieu de 12). Dernier conseil, négociez une prise de possession le premier du mois (peu importe lequel). De cette façon, vous pourrez bénéficier des revenus de location pendant tout le mois. En effet, le premier versement hypothécaire est toujours dû 30 jours suivant le déboursé hypothécaire. Bien entendu, la gestion sera aussi simplifiée du fait que vous toucherez vos revenus de location au même moment où votre paiement hypothécaire sera dû.

Assurance vie et invalidité. Les assurances, on les paie en espérant ne pas en avoir besoin et à chaque renouvellement, on se plaint de les avoir payées sans en avoir eu besoin! L'humain n'en est pas à un paradoxe près, n'est-ce pas? Qu'en est-il exactement? D'abord, le rôle des assurances est de protéger votre famille en plaçant un parapluie au-dessus de votre immeuble. Cela signifie qu'en cas de décès, l'assurance vie remboursera complètement le solde de votre prêt hypothécaire. Votre succession héritera ainsi d'un immeuble entièrement payé (sauf pour le solde de prix de vente, s'il y en avait un). L'assurance invalidité, pour sa part, assumera, en cas de blessure ou de maladie, les versements hypothécaires pendant votre rétablissement. Ces deux assurances vous seront très certainement proposées par votre institution financière et sont habituellement prévues à l'intérieur du contrat hypothécaire.

La méthode de paiement pour ces protections est un montant fixe ou un léger pourcentage ajouté à votre taux d'intérêt. Prenez le temps de vérifier l'existence de clauses d'exception qui limitent parfois la portée des assurances hypothécaires. Il est important d'opter pour un produit qui correspond parfaitement à vos besoins et à votre situation financière et familiale actuelle.

Les coulisses du monde de la finance

Les gens me demandent souvent de leur expliquer pourquoi leur demande de financement traîne en longueur ou pourquoi elle a été refusée malgré un bon dossier... et un agent de prêt qui leur a semblé enthousiaste. Pour mieux comprendre les rouages derrière votre demande de financement, deux éléments sont à retenir :

Chaque institution financière a ses principes, ses exigences. Dans le milieu financier, par définition très conservateur, la moindre preuve de créativité chez un compétiteur sera rapidement reprise par tout le monde. Cela a pour effet que les règles de l'un deviennent les principes de l'autre, pendant que d'autres mesures sont abandonnées pour être parfois reprises plus tard.

Par exemple, lors de mon passage dans une banque en tant que directeur des comptes commerciaux, une des « tâches » hebdomadaires consistait à la lecture d'un dossier qui s'intitulait *Normes, directives, procédures et politiques*. Il s'agissait en fait de tous les ajustements (lire resserrements) qui devaient dorénavant être appliqués dans l'évaluation des dossiers de demande d'emprunt. Tout cela résultait à la fois d'idées provenant de la compétition et de « l'expérience de crédit » des autres établissements. Ce n'est pas toujours évident pour les agents de prêts hypothécaires de s'y retrouver, alors imaginez pour le client.

L'agent de prêt ou le « conseiller ». Afin de protéger les intérêts de la banque pour laquelle elle travaille (et de préserver son poste), cette personne devra présenter votre dossier, à la « gestion des risques ». Il s'agit d'un département où les employés ont pour tâche de surveiller le travail des agents de prêt, particulièrement pour ce qui est de l'application des règles. Ce qui intéresse particulièrement ces gens, qui, d'ailleurs, ne rencontrent jamais de clients, ce sont les chiffres et les ratios. Vous comprenez maintenant le malaise que peut ressentir un agent de prêt au moment de vous expliquer que de « nouvelles » exigences vous seront imposées afin que le dossier soit approuvé, malgré ce qui avait été convenu.

Un bon dossier est donc celui qui se rapproche le plus possible des normes de prêt et qui, par le fait même, est le plus facilement défendable auprès de la gestion des risques par votre agent de prêt. Développer une bonne relation avec ce dernier augmentera vos chances d'obtenir le financement demandé, dans la mesure où sa motivation de ne pas vous décevoir le rendra plus combatif. Tout le reste n'est que chiffres, ratios, garanties de prêts exigées et normes appliquées.

Une demande de financement gagnante

L'objectif d'un dossier complet est d'obtenir le financement demandé le plus rapidement possible, et ce, avec un minimum de demandes d'information complémentaire. Vous pouvez économiser du temps tout en augmentant vos chances de succès. Pour ce faire, présentez un dossier de financement qui contient une copie des documents suivants :

- *l'offre d'achat* signée par vous et le vendeur;

- *les baux* rattachés à l'immeuble;

- *l'état des revenus et des dépenses* de l'immeuble. Les baux sont la preuve des revenus. Pour les dépenses, demandez au vendeur de vous fournir une copie de ses factures de gaz, d'huile, d'électricité, etc.;

- *une preuve d'assurance* qui sera soit une copie du contrat du vendeur ou une lettre d'intention de la part de votre courtier d'assurances. L'institution financière vérifie de cette façon « l'assurabilité » de l'immeuble ainsi que sa valeur de reconstruction à neuf. Il y a des compagnies qui refusent carrément d'assurer certains quartiers et la plupart n'acceptent pas de couvrir deux immeubles ayant un mur mitoyen, comme sur le Plateau Mont-Royal;

- *le relevé de l'évaluation foncière* contenant l'information de base de l'immeuble (adresse, numéro de lot, dimensions du terrain et de l'immeuble) ainsi que l'évaluation municipale et le montant des taxes afférentes (impôt foncier);

- *un rapport d'évaluation récent* (moins de six mois) rédigé par un évaluateur agréé établissant la valeur marchande de l'immeuble selon les comparables;

- *un rapport d'inspection* rédigé par un inspecteur professionnel en bâtiment;

- *le certificat de localisation* qui est habituellement fourni par le vendeur. Il s'agit d'un plan effectué par un arpenteur-géomètre qui indique les dimensions du terrain ainsi que le positionnement, sur celui-ci, de l'immeuble, du stationnement, etc. Ce document est obligatoire. Vous serez ainsi mieux protégé contre les problèmes juridiques qui pourraient découler, par exemple, d'un droit de passage consenti à un voisin ou d'une « vue illégale » qui découle d'une fenêtre située trop près de la « ligne » du terrain voisin. Le certificat de localisation est aussi un des documents de base utilisés par le notaire afin de rédiger l'acte de vente;

- *les factures des travaux effectués* au cours des dernières années et une *estimation* de ceux à effectuer (si mentionnés au rapport de l'inspecteur en bâtiment) fournie par un ou deux entrepreneurs en construction, spécialisés dans ce type de travaux (toiture, solage, etc.);

- *votre bilan personnel* indiquant vos avoirs, vos emprunts et votre valeur nette;

- *vos revenus et dépenses personnels.* Il suffit de reprendre la liste de vos prêts apparaissant à votre bilan, mais cette fois en établissant le total de vos obligations mensuelles par rapport à vos revenus d'emploi. Ajoutez une copie de votre talon de paye. Pour ceux qui se demanderaient si leurs revenus personnels sont suffisants pour accéder à la propriété, sachez que 33 % des ménages canadiens ayant un revenu de 20 000 $ ou moins, soit 16 % des ménages, sont propriétaires de leur toit.[18];

---

18. « L'État du logement au Canada : un aperçu, dans *L'observateur du logement au Canada 2005*, gouvernement du Canada, p. 73.

- *vos déclarations d'impôts personnelles* des trois dernières années;

- *les grilles de calcul des ratios* que vous aurez établies
  vous-même ou avec l'aide de votre agent immobilier.

Tous les documents personnels mentionnés dans cette liste
devront être produits pour chacun des coemprunteurs. Il est
également possible que l'on vous demande un test de percolation ou une analyse des sols. Ce rapport rédigé par des tech-
niciens (parfois des ingénieurs) en environnement, à partir d'un
échantillon de terre, a pour but d'analyser le type de matière
composant le sol (gravier, argile, glaise, sable, etc.). L'objectif
de cette démarche est de s'assurer que l'immeuble que vous
achetez n'a pas été construit sur un terrain contaminé, par
exemple sur un ancien site d'enfouissement.

Les neuf façons créatives de trouver le financement

Il faut bien sûr de l'argent pour acheter un immeuble. À moins
que vous ne trouviez un propriétaire motivé, mais là vraiment
très motivé, qui accepterait, comme au temps de la colonie,
l'équivalent d'une cargaison de peaux de castors en échange
de son immeuble! Il *faut* de l'argent, oui. Par contre, il ne doit
pas *obligatoirement* (juste *idéalement*) provenir de votre
poche. Voici les neuf principales sources de financement
possibles :

Les assureurs hypothécaires. Tel qu'il est mentionné dans la
section traitant de la mise de fonds, il existe au Québec deux
assureurs hypothécaires majeurs, soit : la Société canadienne
d'hypothèques et de logement (SCHL) et Genworth (anciennement GE Capital). Ces intermédiaires entre l'institution financière et l'acquéreur ne prêtent pas directement d'argent. Je
les ai classés dans cette section sur le financement créatif pour
la raison suivante : puisqu'ils assurent le prêt, ils agissent en

quelque sorte comme un endosseur. De ce fait, ils vous permettent d'emprunter davantage.

Les prêteurs privés. Il s'agit tout simplement de gens d'affaires ou de groupes qui considèrent la possibilité de diversifier leur portefeuille de placements en vous prêtant de l'argent. Le taux d'intérêt demandé par les prêteurs privés oscille généralement entre 10 et 15 % par année. Ce sont d'ailleurs les faibles rendements provenant d'autres formes de placements qui incitent certains prêteurs à s'intéresser au secteur immobilier.

Si nécessaire, vous pouvez consentir une deuxième (ou troisième) hypothèque sur votre immeuble en garantie de votre prêt. Toute hypothèque étant inscrite au Bureau de la publicité et des droits, vous aurez donc à défrayer les frais de notaire à la signature et, une fois ce prêt remboursé, les frais de quittance (la radiation de cette hypothèque). Pour éviter ces frais, tentez d'obtenir, en plus d'un taux d'intérêt raisonnable, une simple entente signée entre le prêteur et vous, sans garantie hypothécaire. Vous éviterez ainsi l'enregistrement et la quittance hypothécaire.

Le solde de prix de vente. Une solution simple qui peut représenter un avantage fiscal pour le vendeur. En effet, en vous prêtant une partie de la valeur de l'immeuble (la totalité est alors une vente financée par le propriétaire-vendeur), ce dernier reporte ainsi cette rentrée de fonds (et l'impôt y afférant) à un moment ultérieur. Généralement, le solde de prix de vente est basé sur un amortissement aussi court que de 24 à 48 mois.

Pour ne pas trop vous serrer la ceinture, concluez idéalement une entente de 60 mois avec paiement des intérêts courants seulement. La totalité du capital à rembourser se fera en un seul versement à l'échéance, soit dans cinq ans. Vous pouvez également économiser à votre rythme en prévision de ce remboursement. Une autre possibilité serait de prévoir un

« refinancement » avec votre institution financière, à moyen terme, pour absorber ce « ballon ».

Le transfert d'hypothèque. Certains vendeurs, et plus fréquemment que vous pouvez l'imaginer, sont ouverts à une vente simple et rapide qui consiste à fixer le prix de vente au niveau du solde de l'hypothèque. Il s'agit alors d'un transfert du prêt hypothécaire du vendeur à l'acheteur. Vous obtenez ainsi, sans vous engager financièrement (aucune mise de fonds), la totalité du financement nécessaire, et ce, d'une même source! Deux situations peuvent mener à un transfert d'hypothèque, soit un vendeur en difficulté financière sur le plan personnel, soit un immeuble surhypothéqué. Le prix de vente est alors le solde des hypothèques.

La reprise de finances. La situation est similaire au transfert d'hypothèque dans le sens où vous obtenez le financement complet en une étape et d'une seule source, soit une institution financière qui a exercé sa garantie hypothécaire. On parle alors d'une « assumation d'hypothèque ». Généralement, le contrat de vente mentionnera une clause de décharge du vendeur : acheter tel que vu. Il s'agit en fait d'une limitation de la garantie de qualité qui engage normalement tout vendeur à vous remettre un immeuble en bon état, sans vices cachés. Lorsqu'une clause de limitation (garantie partielle) ou d'exclusion (aucune garantie) existe, vous perdez votre droit de recours judiciaire.

Environ 5 % des propriétés seraient vendues chaque année sans garantie légale[19]. Une inspection par un professionnel qui possède une assurance valide devient dans ces cas essentielle. Les immeubles en reprise de finances, en raison du délai des procédures légales, mais aussi souvent des « sursis » accordés par l'institution financière (qui préfère évidemment l'argent à

---

19. AUDET, Isabelle. « Acheter sans garantie légale : attention! », *La Presse*, Cahier Mon toit, 27 août 2005, p. 8.

l'immeuble), ont souvent connu des périodes de laisser-aller allant parfois de plusieurs mois à quelques années. Vous devez donc vous attendre à réinvestir en travaux de rénovation pour remettre un tel immeuble en bon état.

Le principe de levier. Il s'agit d'un principe très connu et utilisé en immobilier. Il requiert un appui et, bien sûr, un levier décuplant la force de son utilisateur. Traduit en langage immobilier: vous devez posséder un bien immobilier (l'appui) et une marge de manœuvre sur laquelle vous pourrez réemprunter (le levier). Cela augmentera la vitesse à laquelle vous pourrez investir. La « marge de manœuvre » est appelée « l'équité ». Il s'agit en fait de la différence entre la valeur marchande d'un plex et le solde du financement.

Par exemple, vous achetez sans mise de fonds un plex pour 450 000 $ alors que sa valeur est de 500 000 $. Vous disposez dès le départ d'une équité de 50 000 $ (500 000 $ – 450 000 $). Disons qu'au cours de l'année suivante, votre immeuble voit sa valeur s'apprécier de 5 %[20], soit un ajout à l'équité de 25 000 $ (500 000 $ x 5 %). À cela s'ajoute le remboursement de capital, disons 25 000 $, que totalisent vos douze premiers versements hypothécaires. Un an plus tard, vous avez accumulé une équité de 100 000 $ (achat sous la valeur marchande de 50 000 $ + appréciation de 25 000 $ + capitalisation 25 000 $). Dernière chose : la majorité des institutions financières vous demanderont de patienter un minimum d'une année après l'achat avant d'accepter de refinancer votre immeuble à sa valeur réelle (emprunt sur l'équité).

Le « love money ». C'est exactement comme pour le financement provenant du privé à la différence que vous connaissez le prêteur dès le départ puisqu'il s'agit d'un membre de la famille ou d'un ami. C'est papa ou tante Bernadette qui vous « donne

---

20. HOLLOWAY, Andy. « Where to Invest in Real Estate », *Canadian Business*, 27 mars au 9 avril 2006, p. 85 à 89.

un coup de pouce » en vous accordant un prêt (ou un don) aux modalités très compétitives...

Les emprunts secondaires. Il y a des gens qui utilisent, par exemple, leurs cartes de crédit pour financer leur acquisition immobilière. Pour l'investisseur immobilier aguerri, peut-être... Pour l'acheteur d'un plex, particulièrement lorsqu'il s'agit d'un premier achat, ce n'est pas à conseiller. Dans cette catégorie de financement reposant sur le crédit personnel, on peut inclure également toutes les autres formes de prêts à la consommation, telles que marge de crédit, prêts personnels, etc.

Les emprunts sur les frais connexes. Acheter un immeuble coûte cher au moment de la transaction elle-même. Ce sont les frais connexes ou coûts d'entrée sur le marché. Il est possible dans certains cas de reporter ces obligations à plus tard. Pour ma part, j'ai toujours considéré par exemple les droits de muta-tion comme une marge de crédit à taux élevé. Cela ne changeait pas le fait que cette dépense, je la payais souvent plus tard. J'ai déjà aussi pris entente avec mon notaire à mes débuts. Il avait accepté, en échange de l'assurance de ma fidèle clientèle, de « m'ouvrir un compte » pour ces (très nombreux) frais que je lui payais « dès que je pouvais ».

Les 10 façons de s'enrichir avec son plex

Les plus grandes fortunes de ce monde se sont constituées, en partie ou en totalité, dans l'immobilier. Prenons l'exemple de Donald Trump. M. Trump a déjà connu la ruine financière. Qu'à cela ne tienne! En une seule vie (et ça se poursuit), il a amassé une fortune colossale évaluée à plus de neuf milliards de dollars, et ce, uniquement avec l'immobilier. Imaginez, 9 000 millions en biens immobiliers! Vous pouvez gagner de l'argent, vous aussi, avec votre plex. Voici comment.

Achetez sous la valeur du marché. Rappelez-vous qu'en immobilier, c'est au moment de l'achat que vous gagnez de l'argent. Vous devez obtenir une plus grande valeur que celle pour laquelle vous payez. Vous vous rémunérerez ainsi vous-même pour négocier!

Déboursez le moins possible de votre argent personnel. Ayez une stratégie défensive. Gardez vos billes! Gagner de l'argent avec son argent, c'est facile. En faire avec celui des autres, voilà le secret des investisseurs prospères.

Engagez-vous à épargner. Devenir propriétaire d'un plex – en plus du plaisir de vivre chez soi pour les propriétaires-occupants – représente une obligation d'épargner. Un budget, c'est comme un régime, ça ne fonctionne qu'un temps. Par contre, l'obligation d'effectuer mensuellement un remboursement hypothécaire aide grandement à se discipliner!

Capitalisez sur votre immeuble. Cela signifie que l'argent généré par les paiements de loyers permettent, mois après mois, de réduire le solde dû de l'hypothèque. Un plex, c'est un très gros plus à votre bilan!

Profitez de l'équité. (voir section « Le principe de levier », à la page 169) L'augmentation de la valeur de votre immeuble découle de l'augmentation du marché et de la plus-value qui croît chaque fois que vous investissez dans votre immeuble par des travaux de rénovation. La valeur de votre plex moins le solde de l'hypothèque représente la valeur nette de votre immeuble. C'est l'équité. La vraie richesse se mesure non pas à votre revenu, mais bien à votre valeur nette! Dorénavant, ne demandez plus « Combien gagnez-vous? », mais plutôt « Combien valez-vous? »

Générez des liquidités nettes (cash flow *positif).* Une fois toutes les dépenses d'opération payées (hypothèque, énergie, taxes municipales et scolaires, entretien, assurances, etc.) vous reste-t-il de l'argent? Oui? Votre immeuble est profitable!

Reportez et réduisez vos impôts. Vous pouvez le faire par l'utilisation des déductions admissibles et de l'amortissement. Ici, le terme « amortissement » est une notion comptable qui consiste généralement à diviser la valeur de l'immeuble (ou le solde de l'hypothèque) par la durée de vie de votre propriété, du point de vue de l'impôt, bien sûr, disons 25 ans, donc 4 % par année. L'amortissement doit être appliqué sur un revenu. Vous ne pouvez créer une perte. La première année, vous n'avez droit qu'à 50 % de l'amortissement admissible.

Comment gagner un maximum d'argent en payant un minimum d'impôt? Rencontrez un bon fiscaliste afin de voir l'ensemble des mesures accessibles à votre situation. Pour ceux qui habiteront leur plex, je souligne que l'unité habitée représente un actif non imposable lors de la revente.

Conservez un solde hypothécaire moyen d'environ 50 % de la valeur marchande de votre immeuble. Puisque même l'institution financière la plus conservatrice acceptera de vous prêter jusqu'à 65 % de la valeur de votre plex, vous disposerez toujours d'un coussin confortable de 15 % (65–50). Pourquoi vous dépêcher à rembourser un emprunt (hypothèque) contracté à un taux de 6 % qui vous rapporte un rendement supérieur à 15 %, ou même plus?

Réinvestissez l'équité (voir section « Profitez de l'équité », p. 171). Utilisez ce capital pour acquérir d'autres immeubles ou encore pour rembourser des dettes à forts taux d'intérêt, et non déductibles (cartes de crédit personnelles, prêt auto, etc.).

Gardez votre immeuble pour la vie. Êtes-vous un investisseur travaillant ou un travailleur qui investit? Ne travaillez pas pour l'argent, laissez l'argent travailler pour vous! L'immobilier est une des meilleures façons que je connais de générer des revenus résiduels et non des résidus de revenus. Tant que vous serez propriétaire, vous serez protégé contre l'inflation. En effet, un immeuble voit sa valeur augmenter au fur et à mesure que progresse le coût de la vie.

CALCUL DES REMBOURSEMENTS HYPOTHÉCAIRES MENSUELS PAR TRANCHE DE 1 000 $					
Taux d'intérêt annuel (en %)	Pour un amortissement de 10 ans	Pour un amortissement de 15 ans	Pour un amortissement de 20 ans	Pour un amortissement de 25 ans	Pour un amortissement de 35 ans
4,00	10,11	7,39	6,05	5,27	4,41
4,25	10,23	7,51	6,18	5,40	4,56
4,50	10,35	7,63	6,31	5,54	4,71
4,75	10,47	7,76	6,44	5,68	4,86
5,00	10,59	7,89	6,58	5,82	5,01
5,25	10,71	8,01	6,71	5,96	5,17
5,50	10,83	8,14	6,85	6,11	5,33
5,75	10,95	8,27	6,99	6,26	5,49
6,00	11,07	8,40	7,13	6,40	5,65
6,25	11,19	8,54	7,27	6,55	5,82
6,50	11,32	8,67	7,41	6,70	5,98
6,75	11,44	8,80	7,55	6,86	6,15
7,00	11,56	8,94	7,70	7,01	6,32
7,25	11,69	9,07	7,84	7,16	6,49
7,50	11,82	9,21	7,99	7,32	6,66
7,75	11,94	9,35	8,14	7,48	6,83
8,00	12,07	9,49	8,29	7,64	7,01
9,00	12,58	10,05	8,90	8,28	7,72
10,00	13,11	10,63	9,52	8,95	8,44

Chapitre 13

L'ENTRETIEN ET LES TRAVAUX D'AMÉLIORATION DE VOTRE PLEX

Tous les immeubles exigent un certain nombre de travaux. Plus éloignée sera l'année de construction de votre plex, combinée à un fort taux de roulement (changements de locataires), et plus l'usure de votre immeuble se fera sentir rapidement. Retenez qu'un immeuble entretenu convenablement verra sa valeur suivre la progression du marché. Au contraire, le plex négligé par son propriétaire subira une baisse de sa valeur.

L'entretien et la rénovation, quelle est la différence?

L'entretien d'un immeuble regroupe l'ensemble des travaux qui, comme l'entretien ménager, est continuellement à recommencer : tonte du gazon, déneigement de l'entrée piétonne, déglaçage des marches, ramassage des feuilles mortes, nettoyage des gouttières, etc. Les travaux légers comme le remplacement d'un robinet qui fuit ou la peinture de l'entrée principale entrent également au chapitre de l'entretien.

Ces travaux ne donnent pas de valeur à votre propriété, même s'ils représentent un coût en matériel et surtout en temps. Par contre, les travaux d'entretien permettent de maintenir la valeur de votre immeuble et de ses locataires. En 2004, selon *L'observateur du logement au Canada 2005*, les propriétaires immobiliers ont investi 28 milliards de dollars en travaux d'entretien et de rénovation. En 2007, au Québec seulement, 11 milliards de dollars seront dépensés en travaux selon la SCHL.[21]

Un aspect primordial à souligner concernant les travaux d'entretien est lié aux changements des ouvertures (portes et fenêtres) ainsi qu'à la réfection de la toiture. Ces travaux, malgré leur coût élevé, sont considérés par le ministère du Revenu, mais aussi par les locataires, comme une remise à jour d'une détérioration graduelle qui s'est échelonnée sur 20 ou 25 ans.

D'un point de vue fiscal, vous pourrez amortir le coût de remplacement en déduisant de vos revenus un montant équivalent au coût total des travaux divisé par 20 ou 25, selon la durée de l'amortissement. Les locataires, de leur côté, n'accepteront pas de hausse de leur loyer parce que vous avez fait la réfection du toit. Personnellement, j'utilise cette distinction pour négocier le prix d'achat car, si j'accepte de payer pour des rénovations, il en va autrement pour le simple entretien. Autrement dit, je ne paierai pas un plex 30 000 $ de plus que la valeur que je lui accorde simplement parce que le vendeur me présente une facture de ce montant pour la réfection de la toiture.

Les travaux de rénovation, pour leur part, apportent une amélioration qui se traduit par une augmentation de la valeur de l'immeuble, une plus-value. Il s'agit, par exemple, de l'ajout d'une terrasse sur le toit, du pavage du stationnement qui était jusqu'alors en terre battue ou de la construction de cabanons. Je vous donne un truc pour faire la distinction, à coup sûr, entre l'entretien et la rénovation. Posez-vous simplement la question suivante : à la suite des travaux, est-ce que les locataires bénéficient d'un avantage supplémentaire, suivant lequel une augmentation de loyer sera possible et justifiable? Si la réponse est non, il s'agit de travaux d'entretien. Si c'est oui, vous avez alors amélioré votre immeuble, ainsi que sa valeur, par la rénovation.

---

21. DUBUC, André. « En 2007, les marteaux cogneront beaucoup », *Les Affaires*, 16 décembre 2006, p. 29.

Vous n'êtes pas bricoleur, et alors?

Après l'obtention du financement, l'entretien d'un immeuble est généralement la plus grande crainte des premiers acheteurs. Détenir certaines connaissances en construction et surtout en rénovation est évidemment un plus à inscrire à votre CV de futur propriétaire. Ce n'est cependant pas un préalable pour obtenir la *job*!

Lors de l'achat de ma première maison (à 17 ans), inutile de vous préciser que j'étais beaucoup plus habile à répondre aux questions du jeu-questionnaire télévisé « Génies en herbe » qu'à entretenir ou rénover une maison. Bien sûr, étant un campagnard de naissance, j'ai eu la chance de bricoler étant plus jeune. Cependant, j'ai rapidement découvert qu'il y a tout un monde entre construire une cabane dans le bois, inventer un piège à marmottes ou bâtir un radeau et tirer les joints dans un appartement!

Conseil d'ami au sujet du plâtrage : ne mettez pas une couche trop épaisse de placoplâtre. Vous vous éviterez ainsi des heures de joyeux sablage! D'ailleurs, cette opération des plus salissantes n'est plus possible après avoir mis une couche d'apprêt et n'oubliez pas de placer un papier sur vos joints à la première couche, sinon vous aurez beau en remettre et en remettre, ça craquera toujours. Je l'ai vécu. Voyez-vous, tout ça, je l'ai appris sur « le tas ». Oui... en faisant un tas d'erreurs! Vingt ans plus tard, je suis plutôt fier d'avoir eu la patience de développer mes aptitudes manuelles.

Cependant, pour apprendre plus rapidement, je vous recommande l'une ou l'autre des solutions suivantes :

- *demandez à un ami ou à un parent qui s'y connaît, par exemple en électricité, de venir vous donner un coup de main.* Quand votre beau-frère installera la nouvelle prise de rasoir dans la salle de bain, vous devez rester à côté de lui pour lui passer les outils... et apprendre;

- *procurez-vous des guides de bricolage.* Il en existe d'excellents, très bien illustrés tels que celui réalisé par Black & Decker;

- *demandez conseil au moment d'acheter le matériel nécessaire à la réalisation de vos travaux.* Même chose si vous devez louer un outil ou de l'équipement. Prenez le temps de lire les instructions et n'hésitez pas à téléphoner au service technique de l'entreprise qui fabrique le produit. Récemment, j'ai posé du stuc au plafond de ma cuisine, produit que j'avais acheté chez le quincaillier. Comme j'avais plusieurs interrogations, j'ai appelé le fabricant. La dame qui m'a répondu m'a confirmé qu'étant donné que le plafond de la cuisine était en bois *rough*, il n'était pas nécessaire d'installer un grillage qui permet normalement une meilleure adhérence du produit. Elle m'a également suggéré de remplacer une partie d'eau par l'équivalent en peinture d'apprêt. J'ai commencé avec le plafond du garde-manger, question de me faire la main dans un endroit moins apparent et j'ai continué. À la fin, je me trouvais tellement bon que j'ai décidé de faire une forme en bois afin de dissimuler la hotte de la cuisinière et de recouvrir le tout de stuc. C'est tellement plaisant que je me demande où je pourrais bien en mettre maintenant!

- *prenez un cours ou participez à un atelier.* Ce type d'activité est souvent offert gratuitement par les magasins grandes surfaces spécialisés en outillage ou par les quincailliers;

- *n'ayez pas peur de faire confiance à vos talents cachés.* Essayez! De toute façon, l'immeuble vous appartient et en rénovation, tout se répare;

- *embauchez un professionnel compétent.* Un plombier sympathique et disponible à un moment où vous le serez également, ça existe. Expliquez lui, dès la prise du rendez-vous, que vous voulez comprendre et apprendre les notions de base de sa profession. Soyez humble et confessez votre ignorance. Demandez que l'on vous explique ce qu'il faut faire et ce que vous devriez vraiment savoir, bref, le comment et le pourquoi. Évidemment, n'oubliez pas de mentionner que vous êtes conscient que cette « démarche pédagogique » fera en sorte que la *job* sera plus longue à réaliser, mais que vous serez heureux de payer... pour apprendre!

Vous ne souhaitez pas devenir bricoleur

Certains n'ont pas le temps, les aptitudes (ni l'envie de les développer) ou tout simplement aucun intérêt pour les travaux manuels. Parfait! Il ne vous reste plus qu'à recourir aux services d'un entrepreneur. Attention : n'engagez pas le premier venu et surtout pas un entrepreneur qui exige une rétribution en comptant sans vous produire de facture. Pourquoi? D'abord parce que c'est illégal. Ensuite, vous n'aurez aucune garantie pour vous protéger. Puis, vous n'aurez aucune facture à présenter afin de réduire vos revenus de location ni de preuve tangible que votre immeuble a pris de la valeur aux yeux d'une institution financière ou d'un éventuel acheteur.

Pour dénicher un bon entrepreneur, les pages jaunes resteront toujours un bon outil de recherche... de dernier recours! Retenez plutôt les conseils qui suivent :

- *faites le tour de votre entourage.* Vous pourrez obtenir le nom d'entrepreneurs référés par des gens de confiance;

- *remarquez les affiches placées sur les chantiers indiquant les coordonnées des entrepreneurs responsables des travaux.* En plus de noter l'information, pourquoi ne pas aller féliciter les propriétaires pour la réussite de leurs travaux de rénovation et en même temps, en profiter pour leur poser quelques questions sur la qualité du service qu'ils ont reçu de leur entrepreneur? Vous le recommanderaient-ils? Pour leur prochain projet, auront-ils à nouveau recours à ses services?

- *faites une enquête maison.* Vous pourrez ainsi mesurer le taux de satisfaction de quelques-uns de leurs clients récents;

- *retenez les services d'un entrepreneur qui possède un permis valide délivré par la Régie du bâtiment du Québec (RBQ).* Un simple coup de fil à cet organisme vous permettra de vous assurer que l'entrepreneur est en règle. D'ailleurs, les entrepreneurs compétents expriment leur fierté en inscrivant leur numéro de permis sur leurs cartes professionnelles, leurs factures et même sur leur camion. Vous n'aurez pas trop à le chercher... simplement à le vérifier;

- *exigez toujours une soumission écrite et détaillée des travaux à effectuer.* Une bonne soumission doit contenir la liste des travaux à réaliser, des matériaux qui seront utilisés (types et quantité) ainsi qu'un échéancier et la signature de l'entrepreneur. Certains entrepreneurs essaient de se soustraire à leurs obligations en ne vous fournissant qu'une estimation, souvent verbale, du projet en général. C'est inacceptable.

Malgré toutes les précautions, il arrive qu'une mésentente survienne en cours de route. Je prône toujours le dialogue. Je crois à l'adage qui affirme que la pire des ententes vaut le meilleur des procès. Une démarche en justice est bien sûr la solution de dernier recours. Avant de vous retrouver devant un juge, advenant que votre entrepreneur ne veule rien entendre, vous pouvez porter plainte à la Régie du bâtiment du Québec ou à l'Office de la protection du consommateur (OPC). Vous pouvez également vous adresser à l'Association des consommateurs pour la qualité dans la construction (ACQC). Bien sûr, il n'est pas souhaitable d'en arriver là, et c'est pourquoi il vaut mieux bien faire vos devoirs de vérification avant d'arrêter votre choix sur un entrepreneur.

La transférabilité des travaux

Vous avez acheté un plex. Vous êtes devenu un investisseur désireux d'obtenir un bon rendement. Lorsque vient le temps d'effectuer des travaux, vous devez garder à l'esprit que vous faites affaire avec M. et Mme Tout-le-monde. La « transférabilité des travaux » consiste à effectuer des travaux de rénovation qui répondront aux goûts de la majorité des locataires potentiels à court et moyen terme.

Vous devez « vendre » un produit, ce qui, dans ce cas-ci, se traduit en location de logements. Il sera plus facile d'intéresser des locataires potentiels si votre immeuble et les logements sont entretenus avec goût. Dans les années 1970, il était à la mode, dans les salles de bain, d'installer des baignoires, toilettes et éviers aux couleurs tendance. Quand on rénovait, on s'empressait d'installer ces éléments au goût du jour. Malheureusement, ou heureusement, les baignoires vertes et les toilettes bleues n'ont pas fait long feu. Les « avant-gardistes » de l'époque ont dû éprouver depuis certaines difficultés à louer, non?

Devant la multitude de choix de matériaux, de couleurs, de façons de faire et de prix, il faut se poser deux questions toutes simples : Qu'est-ce qui plaira le plus à mon client type? et : Y a-t-il une autre option, aussi efficace, qui plaira tout autant, et ce, en étant moins coûteuse?

Ainsi, un de mes amis, propriétaire d'un triplex âgé de quelques décennies, devait remplacer les revêtements de plancher de l'un des logements. Les planchers de bois sont une valeur sûre, très appréciés des locataires (de plus en plus de gens souffrent d'allergies ou de problèmes respiratoires amplifiés par les tapis). Par contre, les « vallons » du plancher exigeaient d'abord la pose d'un contreplaqué afin de niveler le sol. Après calculs, cet ami ingénieux a trouvé une solution qui lui permettait d'éviter cette étape coûteuse : il a refait le recouvrement de sol avec des planches de pin embouvetées, plus minces et flexibles, normalement destinées aux murs. La durée de vie estimée, divisée par le coût de ce produit était une solution plus avantageuse qui s'est en fait avérée plus durable que prévu!

Deux exceptions possibles à la règle des travaux sans « transférabilité ».

Vous habitez votre plex. Pour améliorer votre qualité de vie, vous décidez, par exemple, d'investir 20 000 $ dans la construction d'une verrière habitable à l'année. Vous savez très bien que le jour où vous déménagerez, vous ne pourrez pas récupérer les coûts de cet ajout à votre plex. Pour ce faire, il vous faudrait augmenter considérablement le prix du loyer. Le calcul à faire est le suivant : 20 000 $ x 15 % (rendement) = 3 000 $ / 12 = 250 $ d'augmentation par mois. Bonne chance!

Vous voulez accommoder un bon locataire. En fait, vous voulez conserver ce locataire qui paie toujours rubis sur l'ongle, qui ne vous demande jamais quoi que ce soit, bref, le fantasme de tout propriétaire! Ce gentil locataire apprécierait disposer d'un garage pour ranger sa vieille Duccatti 1978. Un projet de 12 000 $. Dans ce cas, vous refaites le même calcul et proposez à votre locataire un nouveau bail qui aura une durée de 36 mois et inclura une augmentation de 150 $ par mois (12 000 $ x 15 % = 1 800 $ / 12). De cette façon, vous vous assurez un rendement pour les trois prochaines années et ensuite, si votre locataire satisfait venait tout de même à partir, vous pourriez relouer le logement et le garage ensemble ou séparément.

L'impact des travaux sur la valeur de votre plex

L'entretien est obligatoire pour maintenir la valeur d'un immeuble. Donc, ce qui doit être fait... doit être fait. Les travaux d'entretien ne doivent pas attendre. C'est mieux pour l'immeuble et pour les locataires, qui sont vos clients. Vos locataires, au moment du renouvellement de leur bail, auront à l'esprit la qualité du service qui leur aura été offert. Ils accepteront aussi plus facilement une augmentation de loyer si vous agissez avec efficacité.

Lorsqu'il s'agit de rénovation, le calcul vaut alors le travail. Procédez en deux étapes.

Visez un rendement minimum de 15 %. Cela représente une récupération de l'argent investi sur une période maximale de 80 mois (15 % annuel / 12 mois offre un rendement *mensuel* de 1,25 % donc 100 % / 1,25 = 80 mois ou 6 ans et 8 mois). Par exemple, vous désirez donner un cachet vieillot à un logement en enlevant le revêtement de plâtre qui a été posé sur un vieux mur de brique. Vous calculez trois jours de travail (deux pour l'enlèvement du plâtre et une journée pour polir et nettoyer les briques) soit 24 heures (3 x 8 heures) à un taux horaire de 15 $. Il vous en coûtera 360 $ (24 heures x 15 $) en temps, auxquels s'ajouteront 250 $ pour la location d'un conteneur à déchets. Coût total du projet : 610 $ (360 $ + 250 $).

Selon la formule de calcul de rendement, l'augmentation du prix de ce loyer serait de seulement 7,63 $ (610 $ / 80 mois) pour obtenir un rendement de 15 %. Tenant compte de l'attrait qu'offre un mur de brique à l'intérieur d'un logement, l'augmentation demandée pourrait être de 35 $ par mois sans exagération, ce qui donnerait plutôt un rendement de 69 % dès la première année (35 $ x 12 = 420 $) / 610 $) x 100. Voilà qui est parfait!

Considérez l'augmentation de la valeur récupérable à la revente ou mieux, sur laquelle il vous sera possible d'obtenir des liquidités en procédant à un refinancement. Par exemple, l'ajout d'une terrasse sur le toit d'un l'immeuble offre un grand avantage concurrentiel pour la location des logements de l'immeuble (rendement avantageux), a une faible valeur aux yeux des institutions financières (faible marge de refinancement) et une valeur moyenne lors de la revente (récupération de l'investissement de 50 à 75 %).

La valeur ajoutée en pourcentage des montants investis en rénovation[22]

Salle de bains	75 à 100 %
Cuisine	75 à 100 %
Peinture intérieure ou extérieure	50 à 100 %
Toiture en bardeaux	50 à 80 %
Système de chauffage	50 à 80 %
Recouvrement de sol	50 à 75 %
Remplacement des ouvertures	50 à 75 %
Construction d'une terrasse	50 à 75 %

Comme le tableau le démontre, l'augmentation de la valeur marchande d'un immeuble ne représente pas automatiquement 100 % du coût des travaux. La prise de valeur dépend également de certaines variables telles la mode du jour (ça existe aussi en

---

22. Source : site Web de la SCHL.

rénovation, pensez aux baignoires vertes) et la valeur perçue par le marché. C'est en partie ce dernier point ainsi que la qualité de réalisation des travaux qui expliquent des écarts aussi grands dans les pourcentages d'augmentation de la valeur.

Prenons l'exemple de la peinture (50 à 100 %). La différence va du simple au double! Il va de soi qu'avec une surface bien préparée, un choix de couleur qui capte la lumière et contribue à « agrandir » les pièces repeintes et un travail réalisé avec soin, il est normal de récupérer son investissement à 100 %.

Les subventions à la rénovation : avantageuses? disponibles?

Il existe une multitude de programmes gouvernementaux d'aide financière à la rénovation. Ces programmes, tels ceux dédiés à la revitalisation des vieux quartiers ou des centres-villes, sont gérés, à l'exception du programme d'économie d'énergie, par les municipalités. Dans la majorité des cas, les fonds proviennent des gouvernements provincial et fédéral. À cela s'ajoute souvent une contribution de la municipalité. N'hésitez pas à contacter le service d'urbanisme de votre ville pour vous informer des programmes en vigueur et de ceux à venir. Ces aides financières à la rénovation (parfois à la construction) changent d'appellations, de conditions d'admissibilité, de créneaux ou de secteurs au fil des ans, mais il y en a toujours qui sont offerts. La bureaucratie aidant, il arrive que les démarches pour pouvoir en profiter (plans et devis, estimation des coûts, test de sol, etc.) soient tellement longues, nombreuses et fastidieuses qu'ils n'en valent pas la peine.

Vous connaissez maintenant l'importante distinction entre l'entretien et la rénovation. Vous savez également que l'augmentation de la valeur de votre plex dépend de certains facteurs, et vous savez comment calculer le rendement sur votre investissement afin de prendre des décisions éclairées. Vous savez que vous pouvez effectuer les travaux vous-même et les aides possibles.

N'oubliez pas l'importance des vérifications à effectuer lors du choix d'un entrepreneur. N'oubliez pas non plus qu'avant d'entreprendre des travaux de rénovation, de construction et même de démolition, vous devez vous procurer un permis auprès de votre municipalité.

Amusez-vous bien!

Chapitre 14

COMMENT LOUER VOTRE IMMEUBLE À 100 %

Trouver un plex qui vous convient, dans un secteur attrayant, acquis à très bon prix et payé avec l'argent des autres... c'est formidable! Vous trouverez peut-être la barre très haute, mais ce n'est pas encore suffisant. Il vous faut aussi trouver de bons locataires (qui paient bien, prennent soin de leur logement, cohabitent facilement avec les autres locataires et ne vous dérangent pas inutilement) et les garder le plus longtemps possible.

C'est simple : un plex est un investissement parce qu'il génère des rentrées de fonds. Ces revenus proviennent du paiement des loyers. Un logement vide ou un logement loué à un locataire qui ne paie pas (et qui fait souvent fuir ceux qui payent...) est une perte de revenus. Chacune des pertes subies est comme une brique que reçoit en pleine figure votre bon ami appelé rendement. Voilà pourquoi il est primordial de gérer votre immeuble comme une entreprise performante. Une gestion efficace commence par une location solide. Voici comment procéder.

Une pancarte « À louer », ce n'est pas assez... deux, c'est trop!

Le meilleur vendeur rencontre plus de clients que ses collègues. L'excellent locateur est celui qui entre en contact avec un très

grand nombre de locataires potentiels. Placer une affiche
« À louer » devant ou sur son immeuble est une excellente idée.
Deux bémols, cependant. Premièrement, on parle bien d'une
seule affiche, pas de plusieurs. Quel message un immeuble
recouvert de telles pancartes envoie-t-il aux locataires potentiels? Cela dit : « Je suis un propriétaire hyperstressé. Je vous
supplie à genoux, que dis-je, je vous implore d'accepter de
louer un de mes trop nombreux logements vacants, et ce, au
prix et aux conditions que Votre majesté désirera. » Est-ce l'impression que vous voulez donner? Deuxièmement, une affiche
« À louer » est un bon moyen de faire savoir aux locataires
potentiels qui passent devant votre immeuble que vous avez un
logement à louer. C'est un moyen qui ne coûte rien hormis le
prix de l'affiche, mais qui est aussi trop ciblé et trop passif pour
l'investisseur actif que vous êtes!

Afin de rejoindre le plus de locataires potentiels possible, vous
pouvez aussi :

- *inscrire votre logement dans les petites annonces des journaux de votre localité.* Préférez les vendredis, samedis et
lundis pour la publication de votre annonce. Le samedi
est une journée très populaire, mais il peut arriver que
votre offre se perde dans une mer d'annonces. Le lundi
est aussi très bon puisque plusieurs n'auront pas eu la
possibilité d'acheter le journal du samedi et se repren-
dront en début de semaine. Une parution d'une semaine
est plus coûteuse et vous oblige aussi à demeurer en
alerte continuellement;

- *utiliser les petites annonces diffusées dans Internet.* C'est
peu coûteux et très efficace;

- *créer un site Web simple et convivial.* Placez-y quelques
photos de l'immeuble, du secteur et du logement à
louer. Joignez aux images une courte description.
Ajoutez un lien pour vous joindre par courriel. Sans

recourir aux services d'un professionnel, peut-être pourrez-vous profiter de l'aide d'un ami pour concevoir ce site qui, à la limite, se résumera à une seule page Web;

- *placer des affiches dans les lieux publics.* Les épiceries, par exemple, ont souvent à l'entrée un babillard prévu à cette fin;

- *recourir aux services d'une agence de location.* Le tarif est habituellement l'équivalent d'un mois de loyer. Certains agents immobiliers offrent également ce service. Si vous manquez de disponibilité, une aide extérieure peut représenter une solution;

- *demander des références à vos bons locataires.* Peut-être qu'un de leurs amis ou de leurs collègues est à la recherche d'un logement. Communiquez avec ces gens et offrez-leur de prendre rendez-vous pour une visite. Vous pourriez aussi leur donner l'adresse de votre site Internet;

- *faire savoir à la famille, à vos amis et à vos collègues de travail que vous avez un superbe logement qui sera bientôt disponible.* C'est aussi en parlant qu'on loue.

Un rendez-vous pour une visite, que faire?

Vos efforts de marketing fonctionnent. Vous recevez appels et courriels. Vous parlez avec enthousiasme de vos logements et des nombreux avantages du secteur. Votre agenda se remplit de rendez-vous. Bravo!

Ayez un cellulaire à votre disposition et si le nombre d'appels le justifie, procurez-vous l'option : « appel en attente ». Les gens ne se donnent pas toujours la peine de laisser un message dans une boîte vocale. C'est beaucoup plus simple de passer au prochain numéro. Même chose pour les courriels. Répondez immédiatement, c'est-à-dire... la journée même!

Lorsque vous donnez un rendez-vous à un visiteur, informez-le qu'il est possible que quelqu'un d'autre vienne visiter l'appartement en même temps que lui. Dans mon cas, je fixe mes rendez-vous aux 15 minutes, deux visiteurs à la fois. J'ai par le passé perdu trop de temps à attendre des gens qui ne se présentaient pas. Lorsque les deux visiteurs arrivent au même moment, j'invite le premier à visiter avec moi pendant que je propose à l'autre de faire d'abord le tour seul, et de répondre à ses questions par la suite. Une fois la visite terminée avec le premier visiteur, je lui suggère à son tour de regarder le logement par lui-même pendant que je vais discuter avec le second. J'avoue que c'est du sport, mais c'est une formule proactive.

Vous pouvez également demander à votre locataire qui habite l'appartement le mieux aménagé et toujours propre comme un sou neuf s'il est possible de le faire visiter (même s'il n'est pas à louer). C'est un peu votre « démonstrateur ». Bien sûr, si vous êtes propriétaire-occupant et que votre logement est représentatif, faites plutôt visiter le vôtre. Retenez que la majorité des gens n'ont malheureusement qu'une imagination limitée. Aidez-les à voir les possibilités, surtout si les locataires semblent intéressants et qu'ils ont l'air d'hésiter.

Vous prévoyez effectuer certains travaux? Faites immédiatement ce qui peut être fait. Pour le reste, ne tardez pas. Entre-temps, prenez des engagements. Dressez la liste des travaux à effectuer et annexez ce document au bail. Il demeure cependant beaucoup plus simple et facile de louer un logement fraîchement repeint que de dire sans arrêt, à chacun des visiteurs, que vous ferez bientôt des travaux de peinture. N'hésitez pas à rassurer vos locataires potentiels sur vos intentions et aidez-les à visualiser ce que vous ferez comme travaux.

Tout s'est bien passé? Proposez-leur de signer le bail immédiatement. Il faut battre le fer pendant qu'il est chaud. Ayez toujours avec vous une copie de bail déjà remplie qu'il vous suffit de compléter et de signer, accompagnée de la liste des règlements de l'immeuble et d'une autorisation de vérification (enquête) de crédit. Prévoyez un endroit où il vous sera possible de remplir ces documents : une table dans un logement inhabité, dans votre appartement si vous habitez l'immeuble ou chez vous si votre demeure est tout près, ou encore au café ou au restaurant du coin. Si aucun endroit n'est disponible, proposez un rendez-vous au logement actuel des futurs locataires. En cas de contraintes (vos prospects ont, par exemple, deux autres logements à visiter), fixez un rendez-vous ultérieur pour régler avec eux les « détails administratifs ».

Derniers conseils : conservez toutes les copies du bail signé jusqu'à ce que l'enquête de crédit et la vérification des références soient complétées. Pour les visiteurs qui demandent « à réfléchir », laissez-leur toujours une « fiche technique » du logement. Il peut s'agir d'une feuille avec photos du logement et de l'immeuble, description, prix, inclusions et vos coordonnées.

Les promotions à la location

Évitez autant que possible les cadeaux donnés en échange de la signature d'un bail. Vous êtes un investisseur, pas le père Noël. La pire chose à faire est de donner des bricoles qui accompagneront le locataire lorsqu'il déménagera, comme un micro-ondes ou un système d'air climatisé. Les mois gratuits sont aussi à proscrire. Si vous tenez absolument à ne recevoir que 11 paiements de loyer pour l'année que couvre le bail, ayez au moins la sagesse de donner le douzième et surtout pas le premier. De cette façon, lorsque vous ferez cadeau de votre fameux mois gratuit, vous aurez au moins l'assurance d'avoir été payé pour les onze autres.

Démarquez-vous plutôt de la concurrence en investissant à l'intérieur du logement ou sur l'immeuble, en réalisant des travaux qui amélioreront la valeur de votre propriété. Ces travaux doivent absolument représenter une valeur supplémentaire pour le locataire. Vous vous rappelez de la « transférabilité » des travaux? Vous offrez ces petits « plus », mais sans augmenter le prix du loyer. Il peut s'agir, par exemple, du changement de revêtement de plancher, de l'installation d'une baignoire thérapeutique ou de la réfection de l'entrée principale de l'immeuble.

Conservez vos bons locataires

Tout ce que vous venez de lire est inutile si vous n'avez que de bons locataires et que personne n'envisage de déménager. Le mieux est de limiter le taux de roulement (les départs) de vos locataires. C'est la meilleure façon de maximiser le taux d'inoccupation. Entretenez de bonnes relations avec vos locataires et répondez rapidement à leurs demandes. Bref, donnez du service.

Mieux vaut un logement vide qu'un locataire qui ne paie pas!

Gérez la collecte des loyers avec une main de fer dans un gant de velours. Effectuez un suivi serré du paiement des loyers, particulièrement s'il n'y a pas de cosignataire ou d'endosseur. Le locataire qui doit de l'argent à son locataire en doit fort probablement à d'autres. S'il est en retard avec le paiement de son loyer, il se peut qu'il en soit de même avec ses factures de téléphone, de câble et d'Hydro. Dans les cas extrêmes, ce locataire est peut-être sur le point de se voir offrir un séjour tout inclus au club Med à sécurité minimum pour contraventions impayées.

Retenez simplement qu'un retard partiel ou complet d'un mois de loyer est comme une boule de neige en haut d'une côte : vous pouvez être sûr que ce qui n'a l'air de rien en haut (au départ) sera de plus en plus gros en descendant (avec le temps qui passe). Un paiement en retard n'est jamais de bon augure. Une dette reportée est, sauf exception, le début de la fin.

Mettez en pratique les conseils précédents et vous verrez vos difficultés de collectes de loyers et vos problèmes de location diminuer, alors que votre rendement, pour sa part, sera à la hausse. Malgré tout, il se peut que les choses se compliquent. Sachez que vous avez aussi des droits en tant que propriétaire.

Chapitre 15

LE DROIT IMMOBILIER

Mieux vaut prévenir que... poursuivre. Personne ne souhaite non plus la situation inverse, c'est-à-dire voir un huissier frapper chez soi. Voici un rapide survol de vos droits et obligations. Pour les particularités propres à chaque situation, contactez un notaire ou un avocat spécialisé en droit immobilier, et ce, dès qu'un doute pointe dans votre esprit.

Le bail

Un bail est un contrat. Personne n'envisagerait sérieusement de se rendre chez un concessionnaire automobile, d'y louer une voiture et de la conserver sans respecter le contrat de location, sans effectuer les paiements. Essayez pour voir. Combien de temps réussirez-vous à conserver votre véhicule? Il en va de même avec la location d'un logement à une différence près : la valeur de celui-ci est au moins le triple de celle d'une voiture moyenne! En effet, il en coûte au bas mot plus de 60 000 $ pour construire un seul logement neuf... si le terrain est quasiment donné.

Le bail verbal est légal. Pour des raisons évidentes, il est cependant déconseillé. Vous ne pouvez pas légalement rédiger votre prototype de bail ni même le faire avec l'aide de votre notaire ou d'un avocat. En effet, depuis septembre 1996, il est obligatoire d'utiliser la version du bail produite par la Régie du logement. De toute façon, cela demeure la solution la moins coûteuse et la plus simple.

Le formulaire de bail est en vente en librairie, dans les papeteries et, bien sûr, à la Régie du logement, au coût de 2,29 $ (taxes incluses). Il suffit de remplir ce document qui reprend les principales dispositions légales inscrites au Code civil du Québec et prévues pour encadrer les relations entre propriétaires (locateurs) et locataires dans un contexte habituel. Cela signifie entre autres que :

- vous devez agir « en bon père de famille ». Vous savez le « bon gars » doté d'une patience hors du commun?

- vous ne pouvez pas vous faire justice vous-même… malgré la tentation parfois!

- vous pouvez demander, mais non exiger, une série de chèques post-datés couvrant la période du bail;

- vous n'avez pas le droit d'exiger de dépôt de garantie. Vous pouvez cependant exiger, à la signature du bail, le paiement, à l'avance, du premier mois de loyer;

- votre locataire a le droit d'obtenir de votre part un reçu en échange du paiement de son loyer;

- vous pouvez « ouvrir un dossier » à la Régie du logement dès qu'un locataire est en « retard ». Par contre, pour obtenir la résiliation du bail ou l'éviction de ce retardataire, vous devrez attendre trois semaines avant d'entreprendre des démarches auprès de la Régie. Cela revient à dire que si le paiement de loyer, dû pour le 1er, est effectué au plus tard le 20e jour du mois, votre locataire sera encore considéré légalement comme de bonne foi. Exception à la règle : si cela se produit fréquemment et que vous pouvez prouver que cela vous cause un préjudice. Cela n'est pas évident, même avec un bon avocat. Il faut donc compter quatre mois pour récupérer un logement;

- vous pouvez faire visiter un logement dans le but de le relouer dès que votre locataire vous a avisé de son intention de ne pas renouveler son bail. Le fameux avis (verbal) de 24 heures concerne les réparations mineures chez les locataires pointilleux. La majorité des locataires ne se préoccupent pas de cet avis. Ce qu'ils veulent, c'est obtenir le service (la réparation) le plus rapidement possible et non que vous entrepreniez une série de démarches pour les contacter;

- vous devez envoyer à chacun de vos locataires, au plus tard le 28 février, un « relevé 4 ». Ce document représente la partie des impôts fonciers de l'immeuble afférente à chacun des logements. Les locataires à faible revenu en ont besoin pour obtenir un remboursement du gouvernement. Vous devez également faire parvenir à Revenu Québec une copie des relevés 4 ainsi qu'une copie du relevé des impôts fonciers de l'immeuble;

- vous devez également faire parvenir à vos locataires un avis de renouvellement de location entre le 1er janvier et le 31 mars (pour un bail de 12 mois prenant fin le 30 juin). Faites-le rapidement, préférablement dès les premiers jours de la nouvelle année. Vous saurez ainsi plus vite à quoi vous en tenir. Cela vous donnera plus de temps si vous avez un avis de non-renouvellement pour trouver un nouveau locataire et ainsi éviter de perdre des revenus de loyer. Si vous êtes propriétaire-occupant, rendez visite à vos locataires en personne. Demandez-leur de signer un accusé de réception de l'avis de renouvellement de loyer. Si vous êtes un investisseur et n'habitez pas le plex, vous pouvez vous déplacer pour rencontrer vos locataires ou encore faire l'envoi par courrier recommandé.

Dans tous les cas, pour éviter une reconduction automatique de son bail, votre locataire dispose de 30 jours suivant la réception de l'avis de renouvellement pour vous signifier son refus de renouveler son bail. À défaut de vous répondre, votre locataire, passé ce délai, est réputé avoir accepté le renouvellement. Vous pouvez négocier en échange d'une série de chèques, une augmentation de loyer réduite (ou pas d'augmentation du tout si le marché est trop compétitif);

- vous ne pouvez pas refuser un transfert de bail (cession) ou une sous-location sauf si vous avez un motif sérieux. Par exemple, vous pourriez refuser, pour des raisons « mathématiques », la cession de bail de votre locataire occupant le 3 1/2 situé au demi sous-sol de votre plex si le nouveau locataire qu'il vous a référé est en fait une famille comptant 18 enfants. La cause invoquée le plus fréquemment est, vous n'en serez pas surpris, le passé de mauvais payeur du nouveau locataire proposé. Lorsque vous recevez un avis de cession de bail, vous avez 15 jours pour signifier votre refus, sinon vous avez un nouveau locataire;

- vous pouvez, selon le *Guide pratique du locataire* rédigé par *Protégez-vous* en 2006, « ... refuser de louer un logement à un locataire qui fume ou qui a un animal de compagnie »;

- vous ne pouvez faire de discrimination au moment de louer vos logements. Sur ce, les chartes canadienne et québécoise des droits et libertés de la personne sont claires. Tout le monde a droit à un toit au-dessus de sa tête.

Il est recommandé de rédiger une annexe au bail intitulée « Règlements de l'immeuble » dans lequel vous pourrez traiter de la possession d'animaux (ou de son interdiction), de la disposition des ordures, de l'utilisation de la salle de lavage, du déneigement des balcons ou de l'interdiction de fixer une antenne parabolique sur l'immeuble, etc. Faites signer ce document au locataire et indiquez sur le bail que cette annexe en fait partie intégrante. Dernier point : les baux sont rattachés à l'immeuble et non au propriétaire. Voilà pourquoi leur validité demeure intacte lorsque vous achetez un plex.

La Régie du logement

Lorsque la bonne entente entre vous et un de vos locataires s'effrite ou disparaît carrément, il vous reste le recours au tribunal de la Régie du logement. La Régie compte 25 bureaux au Québec et reçoit chaque année environ 85 000 demandes dont la moitié pour non-paiement de loyer.

Sachez que vous devez maintenant engager un avocat pour vous représenter à la Régie du logement.

À ne pas oublier lors de la rédaction d'un contrat

Vous brassez des affaires dans le monde de l'immobilier. Vous pensez peut-être : « Oui, mais je ne veux acheter qu'un duplex. » Vous aurez tout de même plusieurs ententes à conclure qui se traduiront par la signature d'autant de contrats : offre d'achat, baux, contrat notarié (acte de vente), contrat hypothécaire, contrat de déneigement et d'entretien de la pelouse, contrat pour l'achat et l'installation d'un système d'alarme. Il y a aussi les contrats pour le cellulaire, pour les travaux de rénovation, etc. Lorsque vous rédigez un contrat ou avant d'apposer votre signature sur celui qui vous est présenté, vous devez vous assurer que le document contient au moins les éléments suivants :

- *la date et le lieu de la conclusion de l'entente.* Ex. : Le 1er mars 2009 à Montréal;

- *l'identification de chacune des parties* (nom complet, adresse de résidence, occupation, date de naissance). Une personne peut représenter une entreprise incorporée. Dans ce cas, en plus de fournir les informations personnelles de l'identifiant, elle doit indiquer le titre qu'elle occupe au sein de cette entreprise;

- *l'objet du contrat.* C'est le moment décrire de quoi il s'agit. C'est le cœur de l'entente;

- *la date de prise d'effet du contrat (son entrée en vigueur) ainsi que la date d'expiration.* Ex. : Du 1er juillet 2009 au 30 juin 2010;

- *la date et lieu de signature.* Ex. : Signé à Sherbrooke en ce 14e jour de février 2009;

- *la signature de chacune des parties incluant s'il y a lieu celles du conjoint (ou de la conjointe) et des témoins.* Si ce n'est pas déjà fait, demandez aux signataires d'écrire le nom de ces personnes en caractère d'imprimerie sous leur « griffe ». Cette dernière précision est particulièrement utile dans les cas de gribouillis abstraits servant de signature.

La Cour des petites créances

Il s'agit d'un des rouages de notre système judiciaire qui permet de régler devant un juge des litiges d'un montant de 7 000 $ ou moins. La particularité de cette cour tient du fait de ses procédures simplifiées. Vous pouvez alors procéder seul, sans l'aide d'un avocat. Avant d'entreprendre une telle démarche, je vous suggère de poser les deux questions suivantes : «Quelle est la solvabilité de la partie adverse? » et « Quelles sont mes chances de gagner cette cause? »

Il est malheureusement inutile de tenter d'évaluer les probabilités qu'un jugement soit rendu en votre faveur si la partie que vous poursuivez vient de déclarer faillite. À ce sujet, les premiers 6 000 $ d'effets personnels ou « meubles nécessaires au quotidien » d'un individu ne sont pas saisissables. Il est à noter aussi que ce que votre locataire utilise pour gagner sa vie, ses outils par exemple, ne sont pas saisissables non plus et n'entrent donc pas dans le calcul des 6 000 $.

Par contre, lorsque les réponses obtenues à ces deux questions sont positives et que toutes vos tentatives de conclure un arrangement à l'amiable sont demeurées sans succès, vous devez procéder comme suit :

- envoyez une mise en demeure dans laquelle vous résumez votre plainte et justifiez les montants réclamés. Procédez par courrier recommandé ou par huissier de justice. Cette dernière option est plus coûteuse, mais elle permet parfois de mettre fin au litige sans aller plus loin. À vous de décider;

- indiquez dans la mise en demeure le délai que vous consentez à la partie défenderesse (vous êtes le demandeur) pour « agir en conséquence ». Le temps alloué est habituellement de 10 jours. À l'expiration de ce délai, vous pouvez passer à l'étape suivante, soit vous rendre au palais de justice de votre région pour demander au greffe de prendre le relais. Ce dernier répétera sensiblement la procédure, mais en plus officiel, la mise en demeure étant accompagnée d'un nouveau délai de 20 jours;

- si après ce délai, le défendeur n'a pas répondu, un avis de convocation en cour sera expédié par le tribunal aux différentes parties;

- vous voilà présent à l'audience. Hypothèse 1 : vous êtes seul à vous présenter. Vous gagnez alors par défaut. Hypothèse 2 : la partie adverse se présente. Il ne vous reste plus qu'à défendre votre cause du mieux possible;

- les parties reçoivent le jugement.

Après avoir passé à travers tout le processus, vous comprendrez pourquoi la majorité des gens sont d'accord avec l'adage suivant : « la pire des ententes à l'amiable (hors cours) vaut le meilleur des procès (le jugement qui vous est le plus avantageux) ».

Une hypothèque légale?

L'hypothèque légale est une créance garantie par un bien immobilier. C'est un « privilège » enregistré au Bureau de la publicité et des droits sur votre propriété. Cette hypothèque, valide pendant 10 ans, est la Formule 1 des hypothèques : elle surpasse toutes les autres, en ordre de priorité lors d'un recouvrement, y compris l'hypothèque consentie par votre institution financière. C'est d'ailleurs un des aspects que le notaire, dans ses recherches de titres, doit vérifier lorsqu'il prépare l'acte de vente. Voilà d'où vient l'expression : « libre de toutes hypothèques ». La procédure menant à l'inscription d'une hypothèque légale peut se faire à la demande et en faveur de n'importe quel intervenant immobilier qui n'a pas été entièrement payé : constructeur, entrepreneur en rénovation, plombier, arpenteur, poseur de céramique, etc.

Quelques éléments doivent faire partie du mélange en même temps pour produire ce que l'on appelle poliment une hypothèque légale. Ce cocktail plutôt rarissime n'en demeure pas moins grave. Voici un exemple. Vous retenez les services d'un intermédiaire, le plus souvent un entrepreneur général pour superviser votre chantier de construction ou de rénovation.

Les travaux ou services sont effectués (ont été livrés). Pour ce faire, l'entrepreneur général aura besoin du concours d'autres professionnels, par exemple un plombier. Vous payez votre entrepreneur, mais ce dernier n'en fait pas autant avec les différents intervenants qui ont pris part aux travaux comme notre plombier. Le plombier (et les autres intervenants) se fâchent et demandent à être payés. Une hypothèque légale atterrit dans votre boîte aux lettres. Ultimement, le ou les détenteurs d'une hypothèque légale peuvent obliger le propriétaire à vendre son immeuble pour ensuite être remboursés avec l'argent généré par la vente. Pour éviter de perdre leur immeuble, certains propriétaires décideront plutôt de rembourser ces créanciers pour ensuite poursuivre l'intermédiaire fautif. Pour éviter ce genre de situation, vous pouvez superviser vous-même les travaux et payer directement chaque intervenant.

Dans le cas où vous auriez absolument besoin de l'aide d'un entrepreneur général, effectuez les paiements par tranche de 15 %. Surtout, ne réglez jamais la note au complet à l'avance. Ne payez le dernier 15 % de la valeur du projet que lorsque le délai de 30 jours[23] suivant la fin des travaux sera expiré avec l'assurance que tout le monde a bel et bien été payé! Demeurez vigilant. Allez vous promener sur le chantier. Parlez avec les intervenants sur place. Bref, soyez à vos affaires.

---

23. Il s'agit d'une date unique pour tous et qui demeure, pour cette raison, difficile à déterminer avec précision.

Chapitre 16

L'IMMOBILIER EN 2025

L e monde change, évolue, se transforme, et ce, de plus en plus rapidement. Nous venons à peine de fêter, il me semble, notre entrée dans ce nouveau millénaire que bientôt nous aurons déjà vécu une décennie de plus. L'ensemble de ces changements accélérés a déjà un impact immense sur le monde de l'immobilier. Cependant, les impacts les plus importants et actuellement presque invisibles verront le jour au cours du prochain cycle, nous portant ainsi en l'an 2025.

Voici donc en bloc les 12 prémisses qui seront développées et approfondies à l'intérieur de mon prochain livre. Attachez vos ceintures, nous entrons dans une zone de turbulences!

1. L'être humain conservera, peu importe les changements auxquels il devra s'adapter, ces trois besoins fondamentaux incontournables : se nourrir, se vêtir et... se loger! Donc, l'immobilier est et sera toujours un secteur d'investissement porteur et pour les investisseurs intelligents et informés, une source de revenus résiduels sûre et stable.

2. Pendant que la bourse perd 10 % en une journée pour en reprendre 5 % le lendemain, les analystes tentent de rassurer les investisseurs. « Ne vendez pas, votre perte n'est que sur papier » se font-ils rappeler, eux, qui à force de vivre au quotidien dans un wagon de montagnes russes, ont bien raison de se questionner sur les lendemains de cet

investissement sur « papier ». L'immobilier sélectif, pour sa part – soit un judicieux mélange d'un bon segment situé à l'intérieur d'un secteur de choix –, demeurera une des valeurs refuges par excellence. En prime, l'investisseur immobilier obtiendra la meilleure protection contre l'inflation, qui reviendra en force.

3. Vous aurez certainement déjà constaté par vous-même que les plus grandes fortunes de ce monde ont été bâties sur l'immobilier. Il en va de même pour les gens qui, au moment de se retirer du monde du travail, sont à tout le moins propriétaires, ne serait-ce que de leur résidence privée. Ceux-ci disposent d'un capital plus important que bien d'autres, qui n'ont aucun actif immobilier. Puisque pour répondre à l'un de nos trois besoins fondamentaux, nous devons vivre avec un toit au-dessus de nos têtes, autant en être propriétaire.

4. Un autre changement fondamental découle d'une profonde modification de la pensée de l'investisseur immobilier. Ceux qui voudront obtenir du succès dorénavant devront accepter que l'équation : *immobilier égale « blocs »*, appartient maintenant à un monde révolu. Il est vrai que certains types d'immeubles à revenus, bien situés, seront encore porteurs. Par contre, le temps où l'on pouvait acheter n'importe quel immeuble, situé n'importe où et faire de l'argent simplement à attendre pour le revendre et empocher la plus-value, est bel et bien derrière nous.

5. À l'avenir, le monde de l'immobilier offrira des segments formidablement porteurs et d'autres ressembleront à des sables mouvants, engloutissant les liquidités des investisseurs imprudents qui s'y seront aventurés. Pour ceux qui préfèrent des rendements impressionnants et traiter avec des clientèles locatives de choix, un chapitre entier sera dédié au segment des segments... parmi les secteurs de choix!

6. Le secteur géographique, cet incontournable pour l'investisseur averti (à ne pas confondre avec la notion de segment de marché), et ce, pour de nombreuses raisons, verra
son importance encore décuplée.

7. L'immobilier a toujours été tributaire de la démographie
d'une ville ou d'une province (État). L'investisseur à succès
sera celui qui sera en mesure de considérer dorénavant la
démographie d'un point de vue plus large, pour englober
une vision à l'échelle du pays, voire de la planète.

8. La terre est toute petite… et il ne s'en crée plus. C'est vrai,
mais Dubaï est à compléter la création d'un chapelet d'îles
au large de la côte, en pleine mer. Il y a aussi cet architecte
Belge, Vincent Callebaut, qui a dessiné des « villes flottantes
pour accueillir les réfugiés climatiques ». (Source, *L'Actua-
lité*, 15 octobre 2008, p. 88). Les Pays-Bas, autre exemple de
création d'espaces, poursuit le travail afin de maintenir en
bon état les digues construites et continue ainsi de pomper
inlassablement les « eaux intérieures » vers la mer. Malheureusement, la Nouvelle-Orléans nous a enseigné que vivre
derrière une digue, particulièrement sous le niveau de la
mer, pouvait représenter certains risques. Pendant ce
temps, la population mondiale augmente. Dans plusieurs
pays, l'espace vital est limité pour ne pas dire carrément
insuffisant. Par exemple, l'immense et riche pays qu'est le
Canada, compte une densité de population de seulement
3,3 habitants par km^2. En comparaison, nos voisins du sud
compte 31,5 habitants au km^2. La Chine, le pays le plus
populeux de la terre (en 2009, puisque l'Inde est en voie de
lui ravir ce titre), comptait pour sa part 138 habitants au
km^2. Puisque au moment d'écrire ces lignes il est beaucoup
question, dans les médias, de la forte densité de population
dans la bande de Gaza dans le conflit l'opposant avec Israël,
voici la confirmation chiffrée du confinement palestinien :
3 969 habitants au km^2 ce qui est 1 200 fois supérieur à la
densité que nous connaissons au Canada! (Source : *L'état du*

monde 2008, sous la direction de Bertrand Badie et de Sandrine Tolotti, Boréal).

9. Le niveau des mers aussi augmente, dû au réchauffement climatique, ce qui entraînera une perte d'espace le long des littoraux. Déjà, des îles disparaissent ou sont menacées de disparition. C'est le cas aux Maldives ainsi qu'en Indonésie. Plus près de nous, les Îles-de-la-Madeleine souffrent déjà d'une érosion accélérée due au manque de protections contre les grandes marées hivernales qu'offraient antérieurement les glaces en hiver. Parallèlement, cette masse d'eau additionnelle résultant de la fonte des glaciers, contribue à l'augmentation de la force des tempêtes, obligeant des populations entières à migrer, temporairement mais de plus en plus de façon permanente, vers l'intérieur des terres. L'ampleur de ces déplacements humains sera énorme. Jean Lemire, le chef de la bien connue expédition en Antarctique à bord du voilier Sedna IV, écrivait dans un article intitulé « La hausse du niveau des mers inquiète » (11 novembre 2007, publié dans *La Presse*) : « Dans le meilleur des scénarios, l'augmentation du niveau des mers sera de 1m à 1,20 m pour le prochain siècle, ce qui aura déjà des conséquences dévastatrices sur les côtes, où vit plus de la moitié de la population mondiale ». Pour s'en convaincre, si besoin est, il suffit de regarder un de ces clichés pris de l'espace montrant les zones densément peuplées, facilement identifiables de nuit par la quantité de lumière produite.

10. Les dérèglements climatiques dus à l'activité humaine, ajouteront d'autres tensions dans le monde, ce qui provoquera également d'importants déplacements de population. À cet égard, je ferai mention dans mon prochain ouvrage des impacts qu'auront spécifiquement sur l'immobilier les défis suivants: crise alimentaire mondiale, pénurie grandissante d'eau potable, désertification de certaines parties du monde, séismes causant davantage de dommages en fonction d'une densité de population accrue, tensions géo-

politiques, risques d'épidémie mondiale et augmentation de la pollution et des problèmes de santé qui en découlent, obligeant encore une fois un déplacement de populations entières en raison de la contamination des sols, de l'eau et de l'air.

11. La demande énergétique mondiale croissante fera pression sur les prix des énergies qui demeureront à la hausse puisque l'offre ne pourra suivre. Cela aura pour conséquence de modifier nos méthodes de construction actuelles tout en favorisant le développement de l'autosuffisance énergétique des habitations. La structure des agglomérations en sera profondément modifiée.

12. Un dernier point – mais combien essentiel – en lien direct avec l'importance, je dirais même la nécessité, de se constituer un actif immobilier afin de s'assurer, par ses propres moyens, d'un revenu décent pouvant soutenir un certain niveau de vie à la retraite. Rappelons-le, les bourses flanchent, les grandes entreprises peinent à soutenir le fonds de pension de leurs anciens travailleurs (ils ont maintenant 10 ans, au lieu de 5, pour rembourser les fonds de pension déficitaires). Rassurant! Un exemple parmi tant d'autres : « ... la ville de Québec devra réinjecter pas moins de 65 millions de dollars pour renflouer la caisse de retraite de ses employés. Elle accuse maintenant un déficit de 500 millions de dollars. » (Source, article de Renée Vézina intitulé « La crise des caisses de retraite, ou la colère des écorchés », dans le *Journal Les Affaires*, du 8 au 14 novembre 2008, p. 6). Les entreprises plus modestes, pour leur part, ne peuvent carrément envisager d'offrir ce genre de « sécurité » à leurs employés. À tout cela s'ajoute le déséquilibre grandissant des cotisants versus les bénéficiaires, ces derniers étant de plus en plus nombreux. En fait, selon un article paru dans la revue Commerce en novembre 2008 (« L'insatiable RRQ, par David Descôteaux, p. 35) on peut y lire que : « À partir de 2033, les revenus de placement ajoutés aux cotisations

(de la RRQ) ne suffiront plus pour financer les sorties de fonds, de sorte que la réserve commencera à diminuer progressivement. Elle s'épuisera en 2051 ». Il s'agit bien sûr de projections actuarielles... donc sujettes à bien des ajustements. De mon point de vue, si l'on tient compte de l'espérance de vie qui ne cesse d'augmenter (tant mieux) et de l'inversion de la pyramide des âges ajoutées à l'explosion des coûts de la santé, il se peut très bien que les fonds gouvernementaux soient à sec bien avant.

Voilà dans les grandes lignes les thèmes qui seront développés plus en profondeur à l'intérieur de mon prochain livre. Ce dernier sera dédié, vous l'aurez deviné, aux investisseurs qui veulent aller plus loin dans le domaine de l'immobilier. À ceux qui, suffisamment entrepreneurs, font le choix d'agir pour assurer eux-mêmes leur avenir au lieu de s'en remettre aux gouvernements... qui nous annoncent le retour aux déficits et aux gonflements de l'endettement! Je fais appel également aux visionnaires. À ceux qui ne se contentent pas de gober l'information. À ceux qui se donnent la peine de faire l'effort de réfléchir, d'analyser. Je m'adresse aux gens d'action. À ceux qui voient les possibilités et qui se voient gagnants. Finalement, à ceux qui se demandent combien cela va rapporter, au lieu de se questionner sur ce qu'il en coûtera. À vous, je dis : « Bon succès! »

Conclusion

Par quoi commencer?

La lecture de ce guide vous a, j'en suis certain, grandement aidé dans vos démarches pour devenir propriétaire d'un plex. Vous avez ainsi appris les rudiments de l'immobilier, les étapes à franchir et les pièges à éviter lorsque l'on devient propriétaire. C'est très bien, mais rien ne peut remplacer l'action! Voici donc venu pour vous le moment de jouer votre rôle; celui d'investisseur immobilier.

Établissez votre valeur au bilan. En notant vos dépenses, vous aurez la possibilité de réaliser où, dans les différents embranchements de votre fleuve de capitaux, sont canalisés vos dollars. Faites ensuite le ménage de vos finances. Économisez. Remboursez votre dette dont l'intérêt est le plus élevé puis passez à la suivante. Pendant ce temps, effectuez patiemment, mais activement, des recherches dans les secteurs que vous avez sélectionnés. Dénichez des plex à vendre sous leur valeur marchande. Faites des offres. Négociez. Faites des offres. Cherchez encore et faites d'autres offres. Faites vôtre le proverbe qui dit : « À coeur vaillant, rien d'impossible! » Soyez proactif.

Une fois propriétaire, gérez votre immeuble et vos relations avec vos locataires comme le fait le président d'une entreprise performante. Vous êtes un investisseur immobilier. Vous désirez un bon rendement… et avec du travail vous l'obtiendrez! Bon succès!

Références et adresses utiles

- Agence de l'efficacité énergétique, www.aee.gouv.qc.ca
- Agence du Revenu du Canada
- Association canadienne de l'immeuble (service inter-agence) www.sia.ca
- Association des consommateurs pour la qualité dans la construction www.consommateur.qc.c/acqc
- Association des constructeurs du Québec www.qualitehabitation.com
- Association des courtiers et agents immobiliers du Québec (ACAIQ)
- Association des inspecteurs en bâtiment du Québec www.aibq.qc.ca
- Association des Inspecteurs en bâtiments du Québec (AIBQ)
- Association des propriétaires du Québec (APQ) www.apq.org
- Banque Dundee du Canada, www.dbc.ca
- BOMA Québec (L'Association des propriétaires et des administrateurs d'immeubles du Québec)
- Bureau d'assurance du Canada (BAC) www.bac-quebec.qc.ca
- CAA-Québec, habitation, www.caaquebec.com
- Chambre des huissiers de justice du Québec, www.huissiersquebec.qc.ca
- Chambre des notaires du Québec CDNQ, www.cdnq.org
- clicmaison.com
- Club d'investisseurs immobiliers du Québec, www.clubimmobilier.qc.ca
- Collège immobilier du Québec
- Commission de la construction du Québec (CCQ) www.ccq.org

- Équifax Canada, www.equifax.ca, 1 800 465-7166
- Fonds d'indemnisation du courtage immobilier, www.farciq.com
- Gazmetro.com
- Hydro-québec.com
- Inspecteur général des institutions financières, www.igif.gouv.qc.ca
- Institut canadien des évaluateurs, www.aicanada.ca
- Institut de développement urbain du Québec (développeur ou promoteur)
- La Corporation des propriétaires immobiliers du Québec C.O.R.P.I.Q., www.corpiq.com
- Le carrefour immobilier (évaluation municipale et transactions immobilières) www.lecarrefourimmobilier.com

Les sites gouvernementaux renferment plusieurs publications intéressantes sur la façon de traiter les revenus de location. Sous la rubrique « publications et formulaires », consultez les documents IN-100 et IN-120.

- Office de l'efficacité énergétique, www.oee.nrcan,gc.ca
- Ordre des administrateurs agrées (gestionnaire immobilier)
- Ordre des architectes du Québec, www.oaq.com
- Ordre des arpenteurs-géomètres du Québec, www.oagq.qc.ca
- Ordre des évaluateurs agréés du Québec www.oeaq.qc.ca
- Ordre des ingénieurs du Québec, www.oiq.qc.ca
- Ordre des technologues professionnels du Québec, www.otpq.qc.ca

Pour vérifier l'évolution de la valeur foncière d'une propriété située à Montréal :

- Proprio-Direct
- Régie du bâtiment du Québec, www.rbq.gouv.qc.ca
- Régie du logement (RDL) www.rdl.gouv.qc.ca
- Revenu Québec
- Société canadienne d'hypothèque et de logement (SCHL) www.cmhc-schl.gc.ca
- Sous la rubrique « publications et formulaires », consultez les documents T4036, T4002 et le bulletin d'interprétation IT-434R.

- TransUnion Canada, www.tuc.ca
- www.cra-arc.gc.ca
- www.duproprio.com
- www.gomaison.com
- www.guidesperrier.com
- www.immoreference.ca
- www.investisseurimmobilier.com (Christian Guay)
- www.location.duproprio.com
- www.micasa.ca
- www.proprioquebec.com
- www.revenu.gouv.qc.ca
- www.ville.montreal.qc.ca/evalweb et ailleurs au Québec vous pouvez consulter le site www.propnet.qc.ca
- Société Québécoise des Manufacturiers d'Habitation, www.sqmh.ca